女性
コーチ
～それぞれの歩み～

編著　**小谷 究**（流通経済大学 准教授）
　　　三倉 茜（金沢医科大学 助教）

流通経済大学出版会

目　次

目　次

はじめに

　近年、これまで男性ばかりであったコーチングの現場に、少しずつではあるが女性が増えてきている。それは日本代表や国内トップリーグといったトップスポーツでも同様であり、2016年にサッカー女子日本代表監督に、史上初めて女性監督として高倉麻子氏が就任したほか、同年にバレーボール女子日本代表監督に中田久美氏が就任したことも記憶に新しい。国外に目を向けてみると、藤木麻祐子氏がアーティスティックスイミングのスペイン代表を監督として率いているほか、藤井裕子氏は柔道の男子ナショナルチームの監督としてコーチングを行っている。日本国内で指揮を執る外国人女性コーチもおり、女性コーチは国を超えて、活躍の場を広げていることが分かる。

　上記の事実だけ見てみると、女性コーチの多くがその実力を十分に発揮し、コーチングを行っているように思うかもしれない。しかし現実には、女性コーチの数は依然少なく、特にトップスポーツで活躍する女性コーチはごく僅かである。また様々な研究においても、女性はあらゆる競技種目、競技レベルにおいて、コーチになったり、コーチとしてのキャリアを積み重ねたりする上で多くの課題に直面することも明らかになっており、コーチングの現場は依然女性が活躍しづらい環境のままとなっている。にも拘らず、日本国内における女性コーチに関する問題を体系的に整理した書物は存在せず、女性コーチの現状を知ることができる資料は限られている。そのような現状を鑑み、女性コーチの実際について理解を深めることを目的

として本書は編まれた。

　本書では、まず第1章にて近年注目されている女性とスポーツに関する課題の中で、女性コーチの問題が着目された国内外の歴史的背景を紹介する。さらに女性コーチに関する研究から、女性コーチが直面しやすいとされている課題を整理し、国内外で行われている女性コーチ育成のための取り組みを紹介する。そして最後に、女性コーチ育成の必要性についてまとめる。第2章では、各競技で活躍する女性コーチに対するインタビューから、彼女たちのキャリアや現在のコーチングについて紹介する。女性コーチのこれまでの歩みを通じて女性コーチが直面する障壁について広く認知されることにより、女性コーチを取り巻く環境の改善に寄与することができれば幸いである。さらに、女性がコーチになるというキャリアの選択肢を可視化することにより、コーチになりたい女子・女性アスリートが増えることも期待したい。

第1章

女性コーチに関する歴史的、学術的背景と現状

（執筆責任者：三倉　茜）

I．はじめに：女性スポーツを取り巻く状況

　2021年に開催される東京2020オリンピック競技大会は、女性とスポーツの歴史の中で記念すべき大会となるであろう。パリで行われた1902年第2回近代オリンピック競技大会から、当時は非公式種目ながら女性のオリンピック参加の歴史が始まったが、東京大会では過去大会で最もジェンダーバランスに配慮した大会になることが目指され、全参加競技者のうち女性の占める割合が48.8％と半数に迫る予定である[1]。

　このように、近年国内外で女性スポーツに関する関心が高まっている。世界を見てみると国際オリンピック委員会（以下 IOC）はオリンピックを通じて女性のスポーツ参加促進を後押ししているほか、International Working Group on women and sport（以下 IWG）といった国際組織も女性スポーツの発展に取り組んでいる。一方日本では、諸外国に遅れをとっているものの近年急速に女性スポーツへの取り組みが進んでおり、スポーツ庁をはじめとした各スポーツ組織により、政策の整備や様々な取り組みが行われるようになった。

　女性とスポーツに関する課題は数多くあるが、その1つに女性コーチの問題がある。IOC の報告によると、直近に開催された夏季・冬季オリンピック競技大会の4大会に参加したコーチのうち、女性の占める割合は10％前後であった[2]。また国内でもスポーツ庁のデータによると、女性コーチは27.5％と半数に満たない現状が明らかである[3]。競技種目ごとに見ても、新体操やアーティスティック・スイミングといった女性中心に行われている一部の種目を除

いて、女性コーチの数は少ないと言われている。このように、女性コーチが少ない現状に目が向けられ、その解決に向けた取り組みが行われるようになった。

Ⅱ．女性コーチの問題がなぜ着目されたのか？

1．北米における女性コーチの歴史

　女性コーチを取り巻く現状に対する研究や取り組みは、北米を中心に行われている。その背景には、1970年代以降、大学スポーツにおける女性ヘッドコーチ数が減少したことがある。その間接的な原因として考えられているのが、教育改正法第9編（以下タイトルナイン）制定・施行である。タイトルナインは教育機関や教育機関で行われるプログラムに関し、あらゆる性差別を撤廃することを定めた法律である。施行当時、教育機関で行われるスポーツについての規定は存在しなかったが、1975年にスポーツを教育の一環として捉え、主に教育体育、スポーツ奨学金、競技スポーツに関する実施規則を策定した。その後1978年に具体的な基準が策定されたこともあり[4]、競技スポーツに参加する女子学生の数は急増した[5]。

　大学における女子アスリートが増えた一方で、女子チームにおける女性コーチの数は減少した。タイトルナイン制定以前、大学女子スポーツは Association for Intercollegiate Athletics for Women（以下 AIAW）という大学女子スポーツのための組織の管轄であった。しかし女子スポーツへの関心の高まりとともに、全米大学競技

協会（以下 NCAA）が女子スポーツリーグの開催を熱望するように
なり、1983年に女子スポーツは NCAA の管轄に統合された。以後
女子スポーツの商業的価値が高まり、男性コーチも女子チームに参
入するようになった。その結果、1974年には大学女子チームにおけ
る女性コーチの割合は90％を超えていたが[6]、現在では40％前後に
減少してしまった[7]。

　以上のように、なぜ男性コーチとの競争が起こったことにより女
性コーチが減ってしまったのかを解明するために、1970年頃より女
性コーチに関する研究が盛んに行われ、課題解決のための取り組み
も多くなされるようになった。

　北米からの問題発信により、世界的なスポーツ組織も女性コーチ
不足についての認識を持ち始めた。1994年にブライトンで開催され
た第１回世界女性スポーツ会議にて、スポーツのあらゆる分野での
女性の参加を求めた「ブライトン宣言」が採択された。宣言内で
示されている10の原則・原理の１つに「スポーツにおけるリーダー
シップ」がある。スポーツに関わる全ての組織の指導及び意思決定
の場において女性が不足していると指摘し、女性コーチを含む様々
な意思決定者・指導的ポジションの女性を増やすための政策、プロ
グラムおよび組織体制構築について言及している[8]。ブライトン宣
言は2014年にヘルシンキで開催された第６回世界女性スポーツ会議
にて「ブライトン・プラス・ヘルシンキ2014宣言」にアップデート
されたが、スポーツ組織におけるリーダーシップポジションにある
女性不足は依然解決されておらず、そのままの内容で引き継がれて
いる[9]。

　IOC も1996年から2012年まで４年ごとに女性スポーツ会議を開
催しており、当時から女性スポーツへの関心が高かったことが窺え
る。具体的な取り組みを行い始めたのが2014年、IOC 総会にて「オ

リンピック・アジェンダ2020」が採択された後である。これは、オリンピックが価値のあるイベントであり続けるために、今後のオリンピック・ムーブメントに関する40の改革案が示されている。その11番目に「男女平等の推進」が掲げられており、オリンピックに参加する女性アスリートの割合を50％にすること、男女混合の団体種目の採用を奨励することが明記されている[10]。さらにこの11番目の提言を推進するために、IOCは2018年に「ジェンダー・イクオリティ・レビュー・プロジェクト」を発足した。発足と同時に発表した報告書の中で、女性とスポーツに関する課題を5つのテーマごとに整理し、様々な立場でスポーツに関わる女性を増やすための勧告を行なっている。テーマの1つである「スポーツ」の中で女性コーチに関する勧告もなされており、オリンピック競技大会に参加する女性コーチが少ない現状から、ジェンダーバランスに配慮したコーチ選定をするよう述べられている[2]。

　以上のように、女性コーチに関する問題提起は北米を発端として起こったが、その後起こり始めた女性スポーツに関するムーブメントの中で初期の頃から言及され、世界共通の課題として認識されていることがわかる。

2．日本における女性コーチの歴史

　日本では諸外国と比較し、女性とスポーツに対する関心が寄せられ始めたのもごく最近のことである。さらに関心の中心は女性アスリートの競技力向上であり、女性スポーツに特化した予算の多くは女性アスリートのコンディショニングに関する研究や取り組みに割かれた[11]。2011年より女性アスリートが直面する課題の整理を行い、今後取り組むべき方策を明確化することを目的とし行われた「チー

ム『ニッポン』マルチサポート事業（女性アスリート戦略的強化支援方策の調査研究）」の最終レポートとして「女性アスリート戦略的強化支援方策レポート」が作成され、女性アスリートが直面しやすい課題を１）身体・生理的な課題、２）心理・社会的な課題、３）組織・環境的な課題の３つであるとまとめた[12]。３）組織・環境的な課題の中で、女性コーチやスポーツ組織における女性リーダーの不足について言及し、育成の必要性について指摘しているものの、具体的な取り組みは行われてこなかった。その後2016年から、国が行う女性アスリート支援の中心となっている「女性アスリートの育成・支援プロジェクト」の中で、女性コーチ育成に関する取り組みも行われ始めた[13]。

　さらに2017年には第２期スポーツ基本計画が施行され、日本のスポーツ政策としては初めて、女性に特化した項立てがなされた[11]。その内容は、それまでの女性アスリートの競技力向上支援だけでなく、女性のスポーツ実施率向上やスポーツ団体における女性役員数の増加、そして女性コーチの育成と支援の対象が拡大したことが特筆すべき点として挙げられる。その背景には、2012年に発足した第二次安倍内閣の重要政策として女性活躍が挙げられ、あらゆる立場の女性の活躍を促進することが目指されたことが考えられる。さらに2013年に東京2020オリンピック・パラリンピック競技大会開催が決まったことでIOCとの結びつきが強まったことも、女性アスリートの活躍に限らず、スポーツ界におけるあらゆる分野での女性活躍促進が進められることとなった理由であると考えられる[11]。2015年に改定された第４次男女共同参画基本計画の中でも、東京2020大会を見据えて、女性アスリート特有の課題に対する取り組みを行うこと、女性コーチの育成、スポーツ団体におけるリーダーシップポジションについての言及もなされ、東京大会を契機として女性スポー

ツへの関心が高まったと指摘されている[11]。

　以上から分かるように、日本では女性アスリートの競技力向上という切り口から女性スポーツの問題が取り上げられたことから、しばらくの間女性スポーツに関する支援は、女性アスリートに関するものに偏っていた。女性コーチに関する問題が国内で認識され始めたのはここ数年であり、十分な現状把握のための研究や調査、課題解決のための取り組みは行われていない。

Ⅲ．女性コーチが直面する課題

1．海外における研究

　女性コーチはどのような課題に直面するのかといった研究は、先述したように北米を中心として行われている。その結果、女性コーチは男性コーチと比較し、性別に起因した多くの課題に直面していることが明らかとなっている。LaVoi & Dutove[14] は女性コーチに関する研究をまとめ、「女性コーチのバリアとサポートのエコロジカルモデル」を提唱した。このモデルは、女性がコーチになったり、コーチというキャリアを継続したりする上で直面するバリアとサポート、そしてバリアとサポート両方の性質を持つ要因を4つのレベルに分類して示している（図1）。

　最も内側のレベルは「個人のレベル（individual level）」であり、個人が持つ価値観や感情、生物学的・身体的な特徴を含むレベルである。このレベルには、成功したアスリートであった経験や独身、

子どもがいないといったサポート要因や、自己効力感の欠如、スト
レス・バーンアウトといったバリア要因が分類されている。

　続いては「対人間のレベル（inter-personal level）」であるが、こ
こには職場の同僚や家族などの人間関係の中で生まれる要因が分類
されている。スタッフからのサポートやアスリートからの尊敬、他
の女性コーチの存在といったサポート要因や、他コーチとの競争、
古い男性のネットワーク、いじめ・ハラスメントといったバリア要
因がこのレベルに存在する。

　さらに「組織のレベル」では、職場のルールや就労規定、機会な
どによって規定されるレベルであり、女性コーチをリクルートする
戦略の存在やフレックスタイム、ファミリーフレンドリーな制度な
どのサポート要因や、教育機会の不足や低賃金といったバリア要因
がこのレベルに分類される。

　最も外側のレベルである「社会文化のレベル」では、規範や文化
が関わるレベルであり、女性らしさとされているケアや看護が得意
とされる性別規範により、子どもや草の根レベルのコーチングを任
されやすいといったサポート要因、男性中心のコーチの世界や性別
役割認識といったバリア要因が分類される。

　このモデルは、コーチを目指す女性や女性コーチが直面するバリ
アとサポートを分類し、どのレベルにどの要因が存在するかを視覚
的に示しており、サポートを増やしたり、バリアを減らしたりする
ためには誰が、どのような行動を起こせば良いかがわかりやすくま
とめられ、課題解決のためのアクションを起こすためにも援用でき
るとされている[14]。

　エコロジカルモデルから、女性コーチはキャリアを通じて多くの
サポートやバリアに直面することが明らかになっているが、特に外
側のレベル（組織・社会文化のレベル）になるに従って、バリアが増

11

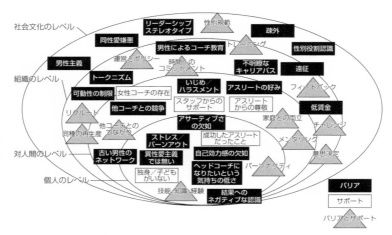

図 1.　女性コーチを取り巻くバリアとサポートのエコロジカルモデル
（LaVoi & Dutove[14] を三倉日本語訳）

えていることが分かる。社会文化や組織は内側のレベルと比較し変化を促すために時間がかかる一方で、これらのレベルに存在する要因は個人の行動や人間関係に大きな影響を及ぼすと指摘されている。そのため筆者は、まず組織や社会が、女性コーチをサポートする重要性を認識し、取り組みを行っていくべきであると述べている[14]。特に組織に対し、組織で有するポリシーを見直すことで差別を無くしたり、女性コーチに対するトレーニングの機会を増やすこと、雇用や評価の際のジェンダーバイアスに気づくトレーニングを実施したりする重要性を提案している[15]。

2．日本の研究

　先述したように、日本で女性コーチの問題に目が向けられたのはここ数年であり、十分な研究の蓄積は行われておらず、日本の女性

コーチが直面する課題の解明は限定的である。

　山口は女性アスリートのセカンドキャリア問題について、引退後の職業としてコーチを目指したいという女性アスリートが多い一方、男性アスリートほど可能性が開かれていないと指摘している。その原因として、高校卒業後に実業団に進む者が多く、学歴や専門資格を持っていないことが一因であると述べている[16]。学歴の問題については三倉・小笠原も言及しており、女性バスケットボールトップ選手を対象としたインタビューの結果、引退後にコーチを目指す者のほとんどが教員として学校部活動のコーチになることを想定していたが、約半数のトップ選手が高校卒業後すぐに実業団チームに所属しており、教員免許を取得していないため、コーチになること自体を諦めることにつながっていると指摘している[17]。

　荒木・小谷はトップスポーツに関わる女性アスリート、コーチ、理事やレフリーに対するインタビューを行い、彼女らの経験について明らかにした。それによると、女性コーチは女性であるというだけで指導力が劣るという評価が下される、男性と同一化しないと活動しやすい環境が確立されない、男性特有のネットワーク、私生活の犠牲といった課題に直面すると明らかになっており[18]、依然男性中心の運営がなされているトップスポーツの現場で、女性コーチは様々な課題に直面していることが明らかとなった。

　さらに金谷は男性社会であるコーチングの現場において、女性コーチがスポーツと関わるために男性社会の生活に「適応」しているパターンと、ライフイベントと「両立」するパターンがあると考察している。前者の場合、ライフイベント等の発生によりスポーツから離れてしまうという問題があると指摘している。後者の場合も、両立のためにはフルタイムからパートタイムへ働き方を変更するなど関わり方を変える方法と、産休・育休など一時的に中断する方法

があるが、コーチという職業柄、代替要員の確保が難しかったり、中断後に同じ組織で再雇用が可能であるかといった問題などもあり、キャリア継続の上で課題が多いと指摘する[19]。

　また女性アスリートがセカンドキャリアとしてコーチに興味を持つプロセスを明らかにした三倉らの研究では、コーチになることができるという自己効力感や、コーチになったら良い結果が得られるという期待といった認知的要因が高まることで、コーチに対する興味が高まると明らかになっている。併せて、コーチの労働条件に対する不安や、コーチになったら周囲からサポートされるだろうかという不安が自己効力感や結果期待を減少させるため、コーチの労働環境やサポート体制の改善を図る必要性について指摘している[20]。

　以上のように、日本の女性コーチについての研究は散見されるものの、諸外国にて行われている研究と比較すると少ない。もちろん、諸外国での研究結果のうち日本の文脈においても生かされるものもあるが、文化や社会的背景が異なるため、日本の女性コーチは異なる課題に直面していることが考えられる。そのため、日本の女性コーチを対象とした研究を行うことが必要である。今後更なる研究の蓄積により、より効果的な女性コーチ育成・支援方策について考えていくことが重要である。

Ⅳ．世界や日本での女性コーチ育成に関する取り組み

1．世界で現在行われている女性コーチ育成に関する取り組み

　女性コーチ育成に関する取り組みは世界各国で行われているが、ここではアメリカのNCAA Women coaches academy と、The Coaching Association of Canada が行う取り組みを紹介する。

　NCAA women coaches academy は、WeCOACH という女性コーチの支援を行う団体と NCAA の共催で2003年から行われており、1800名以上の修了生を輩出している。このプログラムは、4日間で個人やチームの成功につながる先進的な技術や戦術を学ぶことを目的としている。プログラムはリーダーシップマネジメント、意思決定、コンフリクトへの対処、倫理、インタビュースキル、法律やコミュニケーションなどを学ぶ"Skills development"、知識や技術をベースとし、キャリア継続のための自信を深める"Retention and advancement"、そして競技レベルや競技種目を超えて、スポーツに携わる様々な女性がつながるという"Connection and collaboration" の3つを軸に構成されている。さらに2018年からは、本プログラムの修了生がコーチとして更なるステップアップをすることを目的とした"NCAA academy 2.0"がスタートしている[21]。

　カナダでは、The Coaching Association of Canada（以下CAC）が女性コーチ育成事業に取り組んでおり、その中心としてメンターシッププログラムを実施している。具体的には、大学コーチや黒人女性コーチなどを対象としてメンターシッププログラムを実施しているほか、"Female coach mentorship model" を開発し、メ

ンター、メンティー、メンターシッププログラムを行うスポーツア
ドミニストレーターそれぞれに向けたガイドラインを作成している。
CAC はほかにも、女性コーチのための助成金交付や、女性コーチ
に国際ゲームでの経験を積ませる "Canada games apprenticeship
program" など、幅広い女性コーチ育成事業を行っている[22]。

　そのほかにも、UK sport の Female coaches programme[23]、FIFA
の Women's development program[24] など、様々な団体によって、
それぞれのアプローチで女性コーチ育成・支援方策が取られている。

2．日本で現在行われている女性コーチ育成に関する取り組み

　先述したように、これまで女性アスリートの競技力向上支援が中
心であった「女性アスリートの育成・支援プロジェクト」において、
2016年度に日本スポーツ振興センターによる「女性エリートコーチ
育成プログラム」が採択された。その後4年間の事業の後、2020年
度からは日本体育大学が同プログラムを受託している[13][25]。日本体
育大学によって行われているプログラムでは、集合研修会やオンラ
イン研修によるコーチングに関する知識・技術獲得のほか、オン・
ザ・ジョブトレーニングや海外研修、メンタリングといった内容が
実施され、実践を重視したプログラムを通じてナショナルクラスで
活動する女性エリートコーチになること、そしてロールモデルとな
るような人材の育成を目指している[25]。一方で、本事業は高いレベ
ルでの競技経験を持つ女性アスリートを対象としており、対象が限
定的であることは否定できない。

　また、女性スポーツ研究センターが2015年より「女性リーダー・
コーチアカデミー（2017年までは女性コーチアカデミー）」を実施し
ている。本事業は、世界で活躍するトップコーチを目指す女性のた

めに、科学的研究に基づいたコーチ教育を提供することを目的としている。本プログラムには、女性アスリートのコンディショニング、メンタルトレーニング、スポーツ栄養といったコーチングに必要な知識提供のほか、ダイバーシティマネジメント、ワークライフバランスといった女性コーチのキャリア形成に必要な知識・能力に関する講義も含まれている点が特徴的である。さらに、本事業を通じて女性コーチ同士のネットワーキングやメンターと出会うことも狙いとしている[26]。

　そのほかにも、各競技団体がそれぞれに女性コーチ育成事業を始めている。日本サッカー協会は女子サッカー発展のための「なでしこ vision」を掲げ、その実現のために「女子サッカー発展のためのマスタープラン」を定めている。女子サッカー発展のためには女性コーチの育成も重要な要素であるとし、具体的な取り組みとして、なでしこリーグ現役選手や OG へのコーチライセンス受講促進や、上位ライセンス取得の促進などを実施している[27]。さらに、2021年になでしこリーグの上位リーグとして発足する Women Empowerment League（以下 WE リーグ）では、加盟するチームの監督は女性に限るというルールを設けている。しかしトップリーグ指導に必要な上位ライセンスである S 級を持つ女性が少ないという現状から、Associate-Pro（A-Pro）ライセンスを時限的に開設することで、資格の問題をクリアしようと試みている[28]。ここでは上位ライセンスを持つ女性が少ない問題に対し、女性コーチのレベルが低いことが原因ではなく、女子サッカーの歴史の浅さとそれに伴う経験値の低さから、現行の S 級ライセンスの推薦枠に女性が入りづらいことが原因であるとし、その解決を図っている点で画期的な取り組みであると言える。

　日本バスケットボール協会も女性コーチ不足の現状に課題意識を

持ち始め、近年取り組みを行なっている。先述した日本スポーツ振興センターによる女性エリートコーチ育成プログラムに、2016－2017年に渡り2名の女性コーチを派遣したことをはじめとし、2020年には日本バスケットボール協会初となる女性コーチカンファレンスを開催した。本カンファレンスでは、1）女性コーチのロールモデルと出会う、2）女性コーチが直面する課題を共有する、3）様々な女性コーチと繋がる、の3つを開催目的とし、各カテゴリーで活動する女性コーチの講演やパネルディスカッション、参加者によるグループワークといったプログラムが行われた[29]。2021年にはより地域に密着した課題抽出のため、福島県と石川県でオンラインによる女性コーチカンファレンスが行われた[30][31]。開催されたカンファレンスで明らかとなった女性コーチが直面する課題解決のために、今後具体的な取り組みが行われることが期待される。

　さらに日本陸上競技連盟は、2018、2019年度に女性コーチクリニックを実施している。本クリニックは主に技術指導、女子・女性アスリートのコンディショニングに関する講義、ワークショップで構成されている[32][33]。

　以上のように、種目横断的に行われる取り組みのほかに、各競技団体も少しずつではあるが女性コーチが少ない問題に関心を寄せ、それぞれ取り組みを行なっている。一方で、全く取り組みを行なっていない競技団体がほとんどであり、関心の程度は競技団体ごとにかなり温度差のある現状が窺える。競技団体における女性役員の割合についてはスポーツ庁の定めるガバナンスコード[34]の制定が効果を発揮し、女性役員数を増やそうという取り組みが見られるため、女性コーチ育成に関しても統括団体によるトップダウン的な働きかけがある程度は必要であると考えられる。

V．なぜ女性コーチ育成が必要か？

　なぜ女性コーチを増やすことが必要であるのか、その理由について スポーツ庁は１）女性アスリートへの知識及び情報の伝達・共有化、２）女性アスリートのキャリア選択の拡大、３）組織の活性化の３つを挙げている[35]。１）は、女性コーチは自身の競技経験から、指導する女子・女性アスリートが直面しやすい課題に気づきやすく、的確なアドバイスや知識、情報といった競技に関わる専門性を共有できるとしている。２）に関しては、女性がコーチになることができるということが可視化され、女子・女性アスリートのセカンドキャリアの選択肢が増えると述べている。最後に３）は、社会でも目指されているように、これまで女性が少なかったスポーツ組織において女性が増えることで新たな視点が入り、新たな発想、能力、多様な問題解決の方法が生まれることを期待している[35]。

　また女性コーチに関する研究の第一人者である Dr. LaVoi は、女性コーチの問題に取り組む意義として、多様なロールモデルの創出を強調している。女性コーチが存在することで、女子・女性アスリートにとってコーチが目に見える、実現可能なキャリアの選択肢となり、コーチを目指す女子・女性アスリートが増えると述べている。さらに他の女性コーチにとっても、ロールモデルが増えること、女性コーチ同士のネットワークが構築されることでコーチングキャリア継続の上で助けとなるという利点も挙げている。加えて、職場に新たな視点を入れることができる、ファミリーフレンドリーな制度設置、裁量労働制などの働きやすい制度設置が進み、その結果、

男女関わらず全てのコーチにとって働きやすい労働環境の促進につながるということも述べている。また、同性コーチのメリットとしてセクシャルハラスメントが起こりにくいことも指摘している。このように、女性コーチが増えることで女子・女性アスリートや女性コーチだけでなく、全てのコーチやスポーツ組織にとってメリットがある点を強調し、これまで男性中心であったスポーツの現場に女性が増える重要性を指摘している[15]。

　このほかにも、社会でも未だ進んでいない女性の活用を、男性優位と言われているスポーツ界で実現することで社会のお手本になるというスポーツの価値を高める意味でも重要であると考える。さらには女子・女性にとって、アスリートとして活躍したのちもさまざまな立場で、長きに渡ってスポーツに関わることができるということは、スポーツの魅力向上につながり、より多くの子どもたちがスポーツに関わることを助けるであろう。

【注及び引用・参考文献】

1) IOC（2017）Tokyo 2020 event programme to see major boost for female participation, youth and urban appeal. Retrieved form https://www.olympic.org/news/tokyo-2020-event-programme-to-see-major-boost-for-female-participation-youth-and-urban-appeal

2) IOC（2018）IOC gender equality review project: IOC gender equality report. Retrieved from https://stillmed.olympic.org/media/Document%20Library/OlympicOrg/News/2018/03/IOC-Gender-Equality-Report-March-2018.pdf

3) スポーツ庁（2017）第 2 期スポーツ基本計画. Retrieved from https://www.mext.go.jp/sports/content/1383656_002.pdf

4) 新井喜代加（2018）スポーツをする権利とジェンダー／A スポーツ政策：アメリカ. 飯田貴子・熊安貴美江・來田享子編. よくわかる スポーツと ジェンダー. ミネルヴァ書房. pp106-107.

5) Acosta, R. V. & Carpenter, L. J.（2014）Women in intercollegiate sport: A longitudinal, national study thirty-seven years update. Retrieved from http://www.acostacarpenter.org

6) Acosta, R. V. & Carpenter, L. J.（2012）Women in intercollegiate sport: A longitudinal, national study thirty-five years update. Retrieved from https://files.eric.ed.gov/fulltext/ED570883.pdf

7) LaVoi, N. M., Boucher, C., & Sirek, G.（2020）Women in college coaching report card: A comprehensive report of coaching position composition of women's NCAA Division-I teams. Retrieved from https://www.cehd.umn.edu/tuckercenter/library/docs/research/WCCRC_2019-20_Head-Coaches_All-NCAA-DI-Head-Coaches_2020-September.pdf

8) 女性スポーツ研究センター（online）ブライトン宣言. Retrieved from https://www.juntendo.ac.jp/athletes/albums/abm.php?f=abm00019479.pdf&n=Brighton_Declaration_JPN.pdf

9) 女性スポーツ研究センター（online）ブライトン＋ヘルシンキ2014宣言. Retrieved from https://www.juntendo.ac.jp/athletes/albums/abm.php?f=abm00004627.pdf&n=ブライトン＋ヘルシンキ宣言_日本語版.pdf

10) JOC（2014）オリンピック・アジェンダ2020：20＋20提言. Retrieved from https://www.joc.or.jp/olympism/agenda2020/pdf/agenda2020_j_20160201.pdf

11) 野口亜弥・小笠原悦子（2020）2000年以降の日本における『女性とスポーツ』に関する政策的変遷：女性活躍の推進に関する政策と東京2020オリンピック・パラリンピック競技大会開催の影響. 体育学研究, 65, 349-366.

12) 順天堂大学（2014）女性アスリート戦略的強化支援方策レポート.

13) 日本スポーツ振興センター（online）スポーツ庁委託事業女性アスリート

の育成・支援プロジェクト「女性アスリートの戦略的強化・支援プログラム」（平成28，29年度）．Retrieved from https://www.jpnsport.go.jp/corp/gyoumu/tabid/829/Default.aspx

14）LaVoi, N. M. & Dutove, J. K.（2012）Barriers and supports for female coaches: an ecological model. Sport coaching review, 1（1），17-37.

15）LaVoi, N. M.（2016）Women in sport coaching. Routledge.

16）山口香（2017）女性アスリートの特徴とセカンドキャリアに関する調査報告．

17）三倉茜・小笠原悦子（2021）女性バスケットボール選手におけるコーチ興味を高める学習経験：トップレベルの女性アスリートを対象として．体育学研究（早期公開）．

18）荒木香織・小谷郁（2012）トップスポーツに関わる女性のアスリート・コーチ・理事の経験を探る．SSF スポーツ政策研究，1（1），12-17.

19）金谷麻理子（2015）女性競技者の抱える問題，女性指導者増加のための具体的方策．体育学研究，60，（Report），1-11.

20）三倉茜・小笠原悦子・伊藤真紀・新井彬子（2020）女子バスケットボール選手のコーチ興味予測因子．スポーツ産業学研究，30（1），41-53.

21）WeCOACH（online）NCAA women coach academy. Retrieved from https://wecoachsports. org/programs-events/wca/

22）Coaching association of Canada（online）Female coach mentorship model. Retrieved form https://coach.ca/female-coach-mentorship-model

23）UK sport（2020）Female coaches programme launch. Retrieved from https://www.uksport. gov.uk/news/2020/11/12/female-coaches-programme-launch

24）FIFA（2019）FIFA women's development programme. Retrieved from https://img.fifa.com/image/upload/mzliwvh0tj7maojqnyim.pdf

25）日本体育大学（online）令和 2 年度スポーツ庁委託事業 女性アスリートの育成・支援プロジェクト 女性エリートコーチ育成プログラム．Retrieved from https://www.nssu-wec.com

26）女性スポーツ研究センター（online）女性リーダー・コーチアカデミー．Retrieved from https://www.juntendo.ac.jp/athletes/women_coaches_academy/

27）日本サッカー協会（online）女子サッカー発展のためのマスタープラン：なでしこ vision の実現に向けて．Retrieved from https://www.jfa.jp/women/nadeshiko_vision/master_plan.htm

28）日本サッカー協会（online）A-Pro ライセンスについて．Retrieved from https://www.jfa.jp/women/associate_pro/

29）日本バスケットボール協会（2020）コーチによる講習動画・資料から学ぶ：

女性コーチカンファレンス．Retrieved from http://www.japanbasketball.
jp/coach/contents/01

30）福島県バスケットボール協会（2020）2020年度オンライン女性コーチ
カンファレンス〈福島県〉開催要項．Retrieved from http://fukushima.
japanbasketball.jp/2020/ オンライン女性コーチカンファレンス（福島県要
項）.pdf

31）石川県バスケットボール協会（2021）2020年度オンライン女性コーチカンファ
レンス〈石川県〉開催要項．Retrieved from http://ishikawa.japanbasketball.jp/
strong/info/2020/w_online.pdf

32）日本陸上競技連盟（2018）【委員会レポート】女性指導者のためのコーチ
ングクリニック（普及育成委員会）Vol.1. Retrieved from https://www.
jaaf.or.jp/news/article/11139/

33）日本陸上競技連盟（2019）女性指導者のためのコーチングクリニック【1.
実技編】Retrieved from https://www.jaaf.or.jp/news/article/13099/

34）スポーツ庁（online）ガバナンスコード．Retrieved from https://www.mext.
go.jp/sports/b_menu/sports/mcatetop10/list/detail/1420887.htm

35）スポーツ庁（2017）女性アスリートの育成・支援プロジェクト．Retrieved
from https://www.mext.go.jp/component/a_menu/other/detail/__
icsFiles/afieldfile/2017/07/18/1386366_6_3_2_1_1.pdf

第2章

女性コーチそれぞれの歩み

Ⅰ．ゴルフ

（執筆責任者：椎名　純代）

1．日本のゴルフの歴史

　日本最初のゴルフ倶楽部は、1903年に神戸の六甲山に創設された神戸ゴルフ倶楽部であり、イギリス人の Arthur Hesketh Groom によって開かれた。兄のフランクが長崎で商売をしていた関係で、グルームも来日することとなり、日本人女性と結婚した。グルームは、大変多趣味で、ボート、水泳、クリケット、芝居、書も書き、ゴルフは日本で始めたとされている。六甲山頂付近のグルーム氏の家に遊びに来ていた Millward と Adamson、Thornicraft の4人がふとした話から、ゴルフをしてみようじゃないかとなり、この雑談が日本のゴルフを生んだとされている[1]。

　日本人最初のゴルファーは、日露戦争中であった当時、六甲に住宅を持っていたただ一人の日本人の小倉庄太郎であった。1905年に神戸ゴルフ倶楽部の会員となり、妹の未子（当時15歳）と同時期にゴルフをしていたとされており、日本最初の男子と女子ゴルファーはほぼ同時期に誕生していたことがわかる。

　1904年の倶楽部報告には、婦人の Pavilion（クラブハウス）を春に建設することが記されており、女性の大会や男性が妻と一緒にプレーすることが日常的に行われていた。婦人は、神戸ゴルフ倶楽部のレディースセクションという名目の元、会費や入会金も支払わず、無料でプレーすることが可能で、且つ婦人競技の結果は倶楽部

報告書に毎年記載された。一方で、婦人は倶楽部の会員にはなれず、プレーできる時間にも制限があったため、男性会員による総会では「夫婦でゴルフができる時間が限られる」、「男女混合の大会は開始時間が遅くなる」、「女性を会員にしていないゴルフ倶楽部は世界どこを探してもここだけだ」といった意見があがった。このように、1904年以降、"婦人問題"が再三に渡り持ち上がっているが、婦人を会員化しなかった真の理由は不明である。

　1919年9月22日には、神戸ゴルフ倶楽部における最初の婦人選手

表1. 国内ゴルフ関連団体一覧

団体名	略　　称
公益社団法人日本ゴルフ協会	JGA
公益社団法人日本プロゴルフ協会	PGA
一般社団法人日本女子プロゴルフ協会	JLPGA
一般社団法人日本ゴルフツアー機構	JGTO
関東学生ゴルフ連盟	KSGA
一般社団法人日本高等学校・中学校ゴルフ連盟	
日本ゴルフ関連団体協議会	
NPO 法人日本芝草研究開発機構	TOJ
一般社団法人日本ゴルフ場経営者協会	NGK
日本ゴルフジャーナリスト協会	JGJA
全国ゴルフ場関連事業協会	JGIA
全国ゴルフ会員権取引業団体連絡会	JGMD
公益社団法人日本パブリックゴルフ協会	PGS
公益社団法人ゴルフ緑化促進会	GGG
一般社団法人日本ゴルフ用品協会	JGGA
一般社団法人日本ゴルフトーナメント振興協会	GTPA
日本ゴルフコース設計者協会	JSGCA
公益社団法人全日本ゴルフ練習場連盟	JGRA
NPO 法人日本ジュニアゴルファー育成協議会	JGC
一般社団法人日本シニア・ゴルファース協会	
日本ゴルフサミット会議	

出典：JGA の HP より筆者作成

権競技が開催された。1925年4月には、日本で最初の婦人ゴルフ倶楽部となる「関西婦人ゴルフ倶楽部」が創立された。したがって、日本初の女性ゴルフ倶楽部会員を認めたのは関西婦人ゴルフ倶楽部であった。1926年には、「東京婦人ゴルフ倶楽部」も創立され、女性によるゴルフが盛んに展開された。

日本において女性のゴルフが普及するなか、1924年10月には、神戸・根岸・東京・鳴尾・舞子・程ヶ谷・甲南の全国7クラブの代表により、（公財）日本ゴルフ協会（JGA: JAPAN GOLF ASSOCIATION）が創設され、アマチュアリズムに則し、公式競技の開催、ナショナルハンディキャップ制度の実施などの活動を行なってきた[2]。

その後、日本のゴルフは独自の発展を遂げ、現在では、全国都道府県のゴルフ競技団体、連盟、倶楽部の他、対象別（プロ・アマチュア、男性・女性、ジュニア・学生・シニア等）、ゴルフ関連事業（芝、コース設計、用品、ゴルフ会員権取引業等）など、21の関連団体が存在している。

2．JLPGA におけるコーチの実際

ここでは、上記のゴルフ関連団体の中で、女性に特化しているJLPGA について見ていくことにする。倶楽部の会員制はゴルフの特徴であるが、もうひとつの特徴はプロゴルファーとしてトーナメントに出るにはプロテストに合格し、資格認定されなければならないということである。国内で、男性にプロゴルファーの資格認定を行うのが、PGA（公益社団法人日本プロゴルフ協会）、女性にプロゴルファーの資格認定を行うのが、JLPGA（一般社団法人日本女子プロゴルファー協会）である。JLPGA は、当初、日本ゴルフ協会の女子部として発足したが、1974年に中村寅吉の尽力により独立し、

「日本女子プロゴルフ協会」と改めて発足した。

　PGA と JLPGA は、トーナメントを戦うプロフェッショナル会員の他に、ティーチングプロフェッショナルという指導のプロの資格認定も行っている。トーナメントプロの資格認定同様、男性は PGA から、そして女性は JLPGA にてティーチングプロの資格認定を行っていたが、2021年より PGA でも女性を対象としたティーチングプロの資格認定を開始し、2021年1月1日付で PGA 女性会員第一期生としてティーチングプロ5名が誕生した。

　ティーチングプロの資格認定が行われてはいるものの、ゴルフの指導に資格は必要ない。「JLPGA 公式 女子プロゴルフ選手名鑑2020－21」[3]によると、JLPGA の会員は1,178名おり（シード選手、永久シー

表2．JLPGA の歴史

	1960年代
	1960年代
1961年	"女子プロの卵"28人が集まり、「全日本ゴルフ場女子従業員競技会」が開催
1967年	日本プロゴルフ協会に女子部（後の日本女子プロゴルフ協会）が発足
1968年	「第1回日本女子プロゴルフ選手権大会」が天城 GC（静岡）で開催
1968年	日本女子オープンの前身である「TBS 女子オープン」が TBS 越谷 GC（埼玉）で開催
	1970年代
1974年	日本プロゴルフ協会から独立し「日本女子プロゴルフ協会」として発足
1977年	樋口久子が「全米女子プロゴルフ選手権」に優勝
	1980年代
1987年	社団法人日本女子プロゴルフ協会として組織変更
1987年	岡本綾子、外国人選手として初の米ツアー賞金女王を獲得
1988年	ツアー制度の導入
1988年	正式にレッスン部委員会を設立し、インストラクター資格認定制度が発足
	1990年代
1990年	世界的にスモール球の規格が廃止されラージ球の規格へ
1991年	LPGA ステップ・アップ・ツアーが開始
1992年	統一予選会制度を導入
1994年	公式ゴルフスクール、「LPGA ロッテゴルフスクール」開校

1995年	岡田美智子が大王製紙エリエールレディスオープンにて最年長優勝
1996年	新人教育（新人セミナー・ルーキーキャンプ）開始
1998年	「ティーチングプロフェッショナル資格認定制度」の発足
2000年代	
2003年	組織改革によりTPDとGBDの2部門化へ
2003年	樋口久子が「生涯業績部門」でアジア初の世界ゴルフ殿堂入り
2003年	宮里藍、アマチュアとして30年ぶりにプロトーナメントに優勝
2003年	ティーチングプロフェッショナルA級会員4名が会員として正式入会
2004年	不動裕理、史上最年少で永久シードを獲得
2004年	「指導員助手」から「ティーチングアシスタント」に名称変更
2005年	岡本綾子が「インターナショナル部門」で世界ゴルフ殿堂入り
2005年	第1回ワールドカップ女子ゴルフにて北田瑠衣・宮里藍ペアの日本チームが優勝
2008年	2004年から開始したシニアトーナメントが「レジェンズツアー」と名称変更し開催
2009年	2016年からゴルフ競技がオリンピックの正式種目に採用されることが決定
2010年代	
2010年	レジェンズツアー初の公式戦、「LPGAレジェンズチャンピオンシップ」開催
2011年	東日本大震災の影響で3試合が中止
2012年	「LPGAアワード」創設
2012年	第1回日本プロゴルフ殿堂顕彰者の発表
2012年	ジュニア指導者育成制度「ジュニアゴルフコーチ認定制度」開始
2013年	一般社団法人への移行
2014年	KKT杯バンテリンレディスで勝みなみが史上最年少優勝（15歳293日）
2014年	樋口久子が文化功労者に選出
2015年	イ ボミ　史上最高の年間獲得賞金230,497,057円獲得で賞金女王
2016年	会員が1,000人を超える
2016年	KKT杯バンテリンレディス開催前日に熊本地震が発生。大会中止に
2016年	リオデジャネイロ五輪でゴルフが復活。大山志保、野村敏京が日本代表としてプレー
2016年	畑岡奈紗　日本女子オープンで公式戦最年少優勝（17歳263日）
2017年	「創立50周年記念パーティー」の開催
2018年	リランキング制度導入
2019年	渋野日向子　全英女子オープンで優勝
2019年	申ジエ　平均ストローク史上初の60台（69.9399）をマーク

出典：JLPGAのHPより作成

ド、産休制度復帰者、複数年シード、前半出場権保持者、プロフェッショナル会員、特別会員、ティーチングプロフェッショナル会員A/B&C、特別会員含む）、プロフィールに"師弟関係"に師匠の名前を示している選手が1,178名中555名（47%）存在する。そのうち、父親や兄など親族を師匠とする選手は、75名（13%）、JLPGA認定のティーチングプロを師匠とする選手は5名（0.4%）であった。つまり、女子ゴルフでは、JLPGA非会員の者や父親、兄などといった親族から指導を受ける選手の割合が比較的高いといえる。また、女子に限ったことではないが、「スクールビジネスのインストラクターの場合それぞれが独自の養成カリキュラムのもとで人材を育成しており、収益事業化の傾向のため、競合状態になっており、今後は資格の一本化や講習の互換などの調整が望まれる」[4]といった指摘もある。さらに、ゴルフはジュニアの受け入れ口が少ないことから、親によって指導されるケースが多いという背景も存在する。そこで、JLPGAでは2012年にジュニア指導者育成制度「ジュニアゴルフコーチ認定制度」も開始し、ジュニアにゴルフに親しみ、楽しんでプレーしてもらうための指導者の育成にも力を入れているが、まだ国内ゴルフでは地域スポーツ、競技力向上のための指導者を養成するシステムが整っておらず、縦割りになっているのが現状である。

3．女性コーチの現状と課題

　ここで日本の女子ゴルフ界において活躍する2人の女性コーチを紹介する。ここではA氏とB氏とする。2人ともコーチング歴が20年を超えるベテランである。A氏は某ゴルフ倶楽部での研修生を経て、指導者の道を志した。B氏も研修生を経てプロテストに合格、その後、指導者の道に進んだ経歴を持っている。このように、プロ

になる道のりのひとつとして、研修生を経てテスト合格を目指す方
法がある。研修生は、ゴルフ倶楽部で従業員として働きながら、業
務終了後にコースを利用して練習することができる。但し、業務の
内容やトレーニングの内容などは就職したゴルフ倶楽部によって大
きく異なる。研修生は、師匠と弟子、クラブの会員メンバーと研修
生、支配人（雇用主）と従業員、スポンサーと選手、先輩と後輩な
どといった様々なステークホルダーとの関係性において下の立場に
なることが多く、2人が研修生の頃は「No」と言えない立場にあっ
たという。例えば、師匠から指導を受ける際やクラブのメンバーと
キャディとしてコースを回る際などに望まない身体接触があったと
しても、「やめてください」とは言えなかったという。こうした状
況が常態化していたため、当事者が問題意識すら持っておらず声を
上げないということも考えられるが、当時はたとえ声を上げても何
も変わらないという実態がゴルフ界には存在していた。

　こうした背景には、ゴルフが一部の有産階級の大人の娯楽として
始まり、戦後、大衆化されたゴルフ倶楽部は商業施設として指定
されたため、株式会員制クラブとならざるを得なかったことがあ
る。そのため、日本のゴルフ倶楽部は、欧米のようなコミュニティ
スポーツとして子どもから年配者までゴルフを楽しめる場とはなら
なかった[5]。その結果として生まれた倶楽部内でのヒエラルキーが、
最も弱い立場にある研修生に被害を与えることになったものと考え
る。

　2人は指導者として、女性選手に、技術指導だけでなく、身体
的・精神的にダメージを受けるような加害行為をされた場合には、
「No」と声をあげること、「これは自分が悪いのでは？」という自
責する必要はないことなども指導する必要を訴えている。ゴルフで
は、女性選手が男性コーチに指導されるケースが多いことからも、

ジュニア時代からそういった指導が必要となるであろう。また、ゴルフの健全な普及、選手育成のためにもセーフガーディング（安全保護措置）等、選手たちが安心安全に夢に向かって取り組める環境整備の措置が必要だと考える。

【注及び引用・参考文献】
1）西村貫一（1995）日本のゴルフ史. 雄松堂出版.
2）JLPGA: JLPGAについて https://www.lpga.or.jp/about/history/（online: 最終確認日：2021年3月10日）
3）JGA: JGA とは http://www.jga.or.jp/jga/html/about_jga/outline.html（online: 最終確認日：2021年3月10日）
4）JLPGA 公式 女子プロゴルフ選手名鑑 2020－21（2021），ぴあ株式会社.
5）片山健二（1999），スポーツに関する資格取得と問題点〜特にゴルフ指導者を中心として〜，日本体育学会大会号，第50回，社団法人日本体育学会.
6）関口良輔（2001），スポーツ実施状況とゴルフが示唆するこれからのスポーツ，コミュニティ福祉学部紀要，立教大学.

Ⅱ．サッカー

（執筆責任者：大平　正軌）

1．はじめに

　図１は、2002年度〜2015年度日本サッカー協会（JFA）登録の女子チーム数と女性選手数を示している。女子チーム数は、2013年度にピークを迎えた後、減少しているが、女性選手数は増加している。図２、３は、それぞれ、JFAデータボックス[1]に示されている2009年度〜2019年度のJFAサッカーチーム登録数と監督登録数である。図２、３では、第１種、第２種、第３種のチームと監督登

登録者数【現状】
女性選手数：［2015 年度］49,210 人
女子チーム数：1,235 チーム

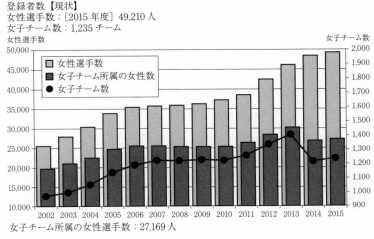

女子チーム所属の女性選手数：27,169 人

図１．2002年度〜2015年度登録の女子チーム数と女性選手数

録数と、女子のチームと監督登録数を比較してみることができる[2]。全体の変化の中で見ると、第 1 種のチームと監督登録数は減少しているが、女子チーム数と監督数はほとんど変わっていない。小野剛 JFA 技術委員会副委員長は、国内サッカー競技人口が頭打ちになっている中、大きな可能性を秘めているのが女子であり、女子の競技人口の増加によって「サッカーファミリーが増え、家族でサッカーについて会話をし、家族でスタジアムに行く。そうした未来を思い描けるのではないかと思っています。いろいろな形でサッカーが文化となることで、最終的に競技力の向上につながっていくものと考えています」と述べ、女子サッカーの発展が文化としてのサッカーの定着や競技力向上につながることを強調している[3]。

　2021年秋には、日本初の女子プロサッカーリーグ WE リーグ（Women Empowerment League）が開幕する。「女子サッカー・スポーツを通じて、夢や生き方の多様性にあふれ、一人ひとりが輝く社会の実現・発展に貢献する」ことを理念とし、「女子プロサッカー選手」という職業が確立され、リーグを核としてかかわる「わたしたちみんな（WE）が主人公として活躍する社会を目指す」という思いを込めて命名されている[4]。しかし、2019年度のデータを見ると、女子サッカーチームの登録数は全チームの4.8％、女性監督は全体の3.7％だった。また、全サッカー競技人口のうち女性は5.8％を占めているが、女性の S 級コーチはまだ 8 人、全体の1.6％である[5]。プレナスなでしこリーグの加盟チームには男性の監督が多く、日本サッカー界でも女性の進出はまだ遅れている。そこで、女性指導者が S 級ライセンスの受講に踏み切れないのは、JFA の指導者養成の施策にも問題があったからだと考え、S 級に準じるライセンスとして A-Pro（Associate-Pro）ライセンスを創設し、ライセンス取得者は WE リーグで指揮を執るだけでなく、コンバージョン（転換）試験を

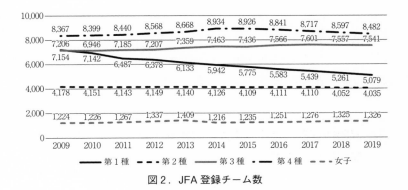

図２．JFA 登録チーム数

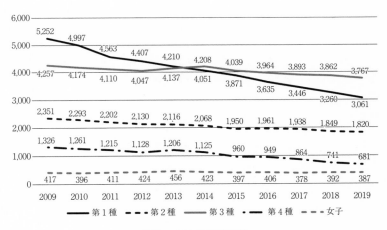

図３．JFA 登録監督数

受けることでS級への昇格が可能になった[5]。女性指導者の養成と社会進出に向けた施策が進められている途上にあると言える。

　JFA サッカー指導教本2020では、「日本サッカーを発展させるには、女性指導者を増やしていくことが非常に重要で、また女性の場合、身の周りにロールモデル（お手本）が少ないことから、将来指導することへのイメージがわかず、積極的になりにくいかもしれま

せん」[6]と書かれている。そこで本章では、今後指導者を目指す人の道標になるように、2名の女性指導者をロールモデルとして紹介したい。流通経済大学附属柏高校女子サッカー部監督の浦田佳穂氏と、流通経済大学女子サッカー部監督の柳井里奈氏である。

2. 浦田佳穂氏が流通経済大学附属柏高校女子サッカー部 監督になるまで

　表1は、浦田氏が監督に就任するまでの略歴を示している。

　浦田氏は、2人の姉もサッカーをやっており、幼い頃からサッカーボールに触れていた。幼稚園の課外教室として開設されていたサッカークラブで男子と一緒にサッカーを始めた。小学校でも少年団でサッカーを続け、女子は二重登録ができたので同時に女子チームの静岡JFCでも大会に出場していた。中学からは、日本サッカー協会（JFA）のエリートプログラムであるJFAアカデミー福島[7]に一期生として6年間所属した。高校2年から、なでしこチャレンジリーグ[8]に参戦して2位獲得、福島国体にも選出されるレベルであった。しかし、高校3年への進級を前に東日本大震災が発生し、JFAアカデミー福島は静岡県御殿場市に移転を余儀なくされた。

　その後、浦田氏は教員を目指し、AO入試を活用して順天堂大学に進学した。サッカーを続けることが入学の条件になっていた訳ではなく、入学前に女子サッカー部の練習に参加して、自身で入部を決めた。入部後は、大学在学中にユニバーシアード大会日本代表メンバーに選出されて銅メダルを獲得し、4年次には部員34人を抱える女子サッカー部のキャプテンを務めた。卒業後は、当時なでしこリーグ2部のニッパツ横浜シーガルズ[9]で3年間プレーしながら、1日4時間医療事務の仕事をしていた。この間に、JFA公認指導者ライセンスB級[10]

を取得している（http://www.nadeshikoleague.jp/club/nippatsu/）。

　3年間プレーして選手引退を決めた時には、すぐに所属チームからコーチのオファーをもらった。しかし、浦田氏はこの申し出を断った。かつてはチームメイトだったベテラン選手を25歳の自分がコーチすることになれば、選手との関係が難しくなると感じたからであった。現役時代は、プレーで引っ張るタイプではなく、チームメイトの話を聞いて選手間を繋ぐように心がけていたので、どのような距離間でコーチ業をやるのかイメージも湧かなかったと言う。また、所属していたクラブでコーチを引き受けると、そのままずっとクラブで仕事を続けることになって、目指していた教師への道が遠のいてしまうのではないかと思った。

　浦田氏が教員を目指そうと思ったのは、高校時代に JFA アカデミー福島に所属していた時に、プレーヤーとしての自分の強みについて考えたことがきっかけだった。エリート集団の中で自分が周りのプレーヤーにテクニックではかなわなくても、考えて周りを動かすコーチングが自分の武器だと考えていた。教える側に立てば、自分自身ができなかったことであっても、選手がそれを実現できるように教えることができると思い、職業として教員に興味を持つようになった。当時プレーヤーとして成長するために試行錯誤しながら考えた事は、教員として指導している今のコーチングにも生かされていると浦田氏は言う。

　浦田氏は大学の女子サッカー部でも、考えながら教える経験をした。部員の半数は初心者だったが、浦田氏自身のレベルを下げて他の部員に合わせるのではなく、メンバーが同じレベルで出来て、上位の他チームに太刀打ちできるような戦術はどんな戦術か、考えて積み上げていった。その結果、チームは創部以来初めてインカレに出場し、浦田氏は指導者の面白さを感じるようになったと言う。

表1．監督に就任するまでの浦田氏の略歴

年	略　歴
1998	平和幼稚園サッカークラブでサッカーを始める
2000	井宮小学校少年団に所属
	静岡 JFC 女子に所属
2006	JFA アカデミー福島入校（1期生）
2010	福島県選抜選手として国体出場
2011	東日本大震災の影響により、御殿場に拠点を移す
	なでしこチャレンジリーグ2位
2012	順天堂大学進学
2015	第28回ユニバーシアード競技大会3位
	順天堂大学女子サッカー部創部以来初のインカレ出場
2016	横浜 FC シーガルズ入団
2019	引退して流通経済大学男子サッカー部コーチ就任
2020	流通経済大学附属柏高等学校女子サッカー部監督就任

　現役引退後に所属クラブからのコーチのオファーを辞退した浦田氏は、流通経済大学附属柏高校の女子サッカー部が指導者を探していると聞いても、自身の指導経験の不足を理由に、もっと指導の勉強をしてからと初めは断った。しかし、指導の勉強をしたいならと、流通経済大学の男子サッカー部中野雄二監督から男子サッカー部のコーチのポストを勧められると、男子サッカー部コーチ就任は受けた。指導経験が積めるというだけでなく、プロ選手を多く輩出している大学のコーチングを知ることができ、毎日何セッションも行われる練習を見て、10人のコーチから様々なことが学べるのが何よりも魅力的だったと言う。そしてその翌年、浦田氏は流通経済大学附属柏高校女子サッカー部の監督となった。男子サッカー部のコーチとしての経験から、男子選手と比較することで女子選手のストロングポイントとウィークポイントがより明確になり、今でも男子チームでのコーチ経験は生きていると言う。

3．柳井里奈氏が流通経済大学女子サッカー部監督に就任するまで

　表2は、柳井氏が監督に就任するまでの略歴を示している。

　柳井氏にとって、父親も2人の兄もやっていたサッカーは身近なスポーツだった。父親に勧められて、小学生から、兵庫地区で有名な西宮 SS という少年団に入ると、家族の誰よりもサッカーに夢中になった。図4からも分かるように、女子選手の場合、女子サッカー部のある高校が少ないため、中学卒業を機に競技から離れることが多いが、柳井氏は、中学から高校卒業まで INAC 神戸[11]というクラブチームに所属し、トップチームに上がった。中学では兵庫県選抜に選ばれて全国大会準優勝、高校3年生では U19日本代表に選出され、アジアカップ準優勝の成績を収めている。

　高校卒業後は岡山湯郷[12]に1年移籍し、社会人1年目に FIFA U20ワールドカップメンバーにも選出された。その後、ジェフユナイテッド市原千葉[13]に所属したが、3年目に怪我をして、指導者に転身した。しかし、怪我のリハビリを諦めて指導者になった自分が、指導している中学生に対して「最後まであきらめないでやりなよ」、「怪我してもあきらめないで」、「頑張り通した方がいいじゃない」と言っているのでは説得力がないと考え直し、もう一度選手に復帰して1年間プレーした。

　2016年からは、自分を選手として育ててくれた INAC 神戸で3年間、今でもリスペクトしている監督の下でコーチとして、中学生と高校生の指導を始めた。素晴らしい競技成績がある柳井氏が、選手を引退してスムーズに指導者になれたのは必然のように思えるが、本人は、サッカー以外に興味ある仕事が見つからず事務仕事ができるわけではないので、サッカーの指導を仕事にできたらいいなというくらいで指導者になったと言う。

　そんな柳井氏だったが、その後、恩師とは違うサッカー・指導を
学ぶ必要があるのではと考えて、マイナビ仙台レディース[14]でも 1
年間、アカデミーのコーチとして中学生と高校生を指導するように
なった。次第に監督をやりたいという気持ちが芽生えてきた頃、尊
敬する監督の異動によって、後を引き継いで INAC の U15監督に
なることになった。年度の目標も立て始動して 2 週間経った時、今
度はトップチームのコーチとしての契約が提示された。監督がやり
たくて戻ってきた柳井氏だったが、トップチームにコーチが不在で
はクラブの存続も危なくなると考えてこの状況を受け入れ、トップ
チームのコーチをやりながら、S 級に準ずる女子サッカーの A-Pro
ライセンス[3]を同時に受講し、指導者としての学びを止めないでい
つか監督業ができる日に備えていた。そんなシーズンが終わろう
としていた時に、流通経済大学女子サッカー部の監督の打診があり、
即答で就任を承諾し、現在に至る。

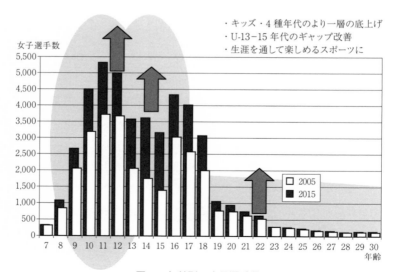

図 4．年齢別の女子選手数

表2．監督に就任するまでの柳井氏の略歴

年	略　歴
1998	西宮少年 SS でサッカーを始める
2003	U15兵庫選抜チームの主将として、全国準優勝
2005	所属する INAC 神戸が日本女子サッカーリーグ参入
2006	二重登録する形でユースチームとトップチームの大会に出場
2007	U 19日本代表に選出される
2007	AFC U19女子選手権準優勝
2008	FIFA U20女子ワールドカップ出場
2011	INAC 神戸から岡山湯郷に移籍
2012	ジェフ千葉レディースへ移籍
2014	引退して指導者へ
2015	選手復帰
2016	INAC 神戸で指導者（2018まで）
2019	マイナビ仙台レディースアカデミー指導者
2020	INAC 神戸トップチームヘッドコーチ
2021	流通経済大学女子サッカー部監督就任

写真1．柳井氏による指導の様子1

4．浦田氏のコーチング

　コーチングにおいて浦田氏は、高校の女子サッカー部を指導していること、高校卒業後は競技を止める者も多いことから、サッカーと日常生活とをリンクさせて、サッカーを通して人として成長することを重視している。日常生活では人として当たり前のことが当たり前にできること、サッカーでもまずはボールを止めて蹴るという最低限のプレーがしっかりできることを、スタートとしている。高校時代に人として選手としてのしっかりした土台があることで、どこに行っても必要とされ信頼され、そして行く先々で自分の持ち味を活かして貢献できる次のステージに進めるのではないかと考えている。例えば、日頃から嫌な事を率先してできるということは、試合中に疲れてしんどい時にもチームメートをサポートする姿勢になって現れる。さらに、誰かのために気を配り人のためにできることをする人間性になって定着し、それは周りの人にも伝わるはずである。こうした考えは、浦田氏が現役時代に、ベテラン選手やチームの中心となっている選手の人間性や、サッカーだけでなく物事に取り組む姿勢を見て、考えていたことでもある。こうした考えは、浦田氏が順天堂大学在籍当時の、男子サッカー部の吉村監督や女子サッカー部の青葉監督が、サッカーはあくまでもツールであり人の成長がサッカーに落とし込まれるという、サッカーと人間性をかみ合わせて追及する考え方に影響と刺激を受けてのことであると言う。

　浦田氏のコーチングの方針は、「ネガティブワードは言わない。選手がミスしても、トライした結果のミスなら言わない」ということである。トライしている場合は意図があるので、ミスした場合も次への改善点が分かるからだと言う。これは、欧州のプロサッカーリーグで監督経験を持つ唯一の日本人指導者で現在は日本の大

写真２．浦田氏による指導の様子１

学生を指導している濱吉正則氏が、『プレーモデルの教科書』の中で「選手は成長するためにミスをする権利がある」と述べている考えに沿ったものである。さらに浦田氏は、例えば選手の性格についても、「我が強くてわがまま」と捉えるのではなく「信念を貫ける」とポジティブに捉えて、一見短所に見えるところが長所になるようにポジティブにコーチングしていると言う。

５．柳井氏のコーチング

　コーチングをする中で柳井氏が一番に選手に望んでいることは、楽しんでほしいということである。

　クラブチーム育ちの柳井氏が、選手だったときには、大人たちに交じって常に真剣勝負のサッカーは、辛い事も多かったそうだ。でも、その先にある勝利や優勝は、真剣に取り組んでこなければ味

わえないレベルの喜びと楽しみだったと言う。楽しいというのは、チームメイトとみんなでワイワイガヤガヤやって楽しいというのではなくて、技術が習得できて楽しい、上手くなるから楽しいということだ。柳井氏は、選手には、厳しい環境の中で真剣にサッカーに取り組んで上手くなっていくことを楽しんでほしいと思っている。

　もう1つ柳井氏がコーチングで大事にしていることは、ストロングポイント（強み）を最大限に発揮することである。選手には、身体的にでも技術的にでも、他の人と比べて優れている事を生かして長所で勝負してほしい、他の人と比べて平均的ではなく、身体的にでも、技術的にでも、優れている事を生かしてほしいと考えている。

　柳井氏は、自分自身の経験や指導者からの影響も強みになると考えている。現役時代の柳井氏の強みは、守備の選手としてボールを奪ったりすることで、代表監督の佐々木則夫氏は、守備がどこでもできるそんな選手がベンチにいると助かると評価してくれたそうだ。そんな柳井氏が選手契約が満了になった時に言われたコメントは、「足が遅い」だったそうだ。ウィークポイントを言われた時、人と比べれば「遅い」ということになるけれどそこはどうしようもできないのにと、とても嫌な想いをしたので、ウィークポイントよりストロングポイントを見る指導、コーチングをしたいと思うようになったそうだ。

　また、柳井氏は、プロセスを大切にするコーチングを心掛けている。例えば、チャレンジは認めるが、試合中の状況を観て、普段から練習をしていないロングキックを試合中にやっていたら、厳しく指導する。状況に応じた選択として狙いは理解できるけれども、練習をしていないロングキックを選択するそのプロセスには納得がいかないことを説明する。偶然うまくいったからいい、偶然それで勝てたからいいとは思わない。INACのユースを指導していた時、全

国大会の３位決定戦の試合前のウォーミングアップを見て、ミーティングで「試合に臨む姿勢がそんなに悪いなら相手に失礼」とメンバーに言ったそうだ。選手には、勝つために逆算してプロセスを踏んで準備してほしいと考えているからである。今やらなければいけない事を積み上げた結果であるなら、結果はどうあれ納得できる。いいトライと無謀なトライは、例え良い結果が得られたとしても、その間に大きな隔たりがあると考えている。

　2020年は、プロのトップチームのコーチをやりながら、トップチームの勝負へのこだわりや外国人監督の結果重視の指導に接してみて、改めて自分はプロセスにこだわりがあると再確認したそうだ。トップチームの選手は、自分たちのサッカーのやり方は持っているものの、結果が出ない時には「勝たないと私たち前に進めない」と発言する選手がいた。やはり結果と質と感動を与えないといけない、バランスが大切と考えた。最初はトップチームの指導は嫌だったが、今では、自分のコーチングスタイルを確立するにはとても素晴らしい学びの時間であったと認識している。

6．女性スポーツ指導者にとっての課題

　浦田氏が変えていきたいと思っていることは、「女性コーチ」、「男性コーチ」という固定概念である。優れたコーチかどうかはその人次第なのに、固定概念で男性コーチの方が優れていると思っている人が、浦田氏のまわりにもいると言う。「女性コーチは苦手、男性コーチがいい」と言う選手が多かったり、「ピッチのオンとオフが区別できるのは男性だ」と言う選手もいた。「俺の方がサッカーの知識があるよ」と言う保護者がいるという話も聞き、世の中ではまだまだ男性が女性を下にみている傾向があると感じている。

写真3．柳井氏による指導の様子2

　自分が優れた指導をすることや、選手が結果的に成長できたということを示していくしかないと考えている。JFA ライセンスB級を取得したのも、実力を証明できるものの一つになると考えてのことだった。保護者から不満やクレームを言われたとしても、反論したり距離を置いて避けたりすることなく、全て話を聞いて冷静に言葉でロジカルにきちんと返せるようにしたいと考えていると言う。

　柳井氏も、「男性コーチ」、「女性コーチ」と言われたり見られたりするのが好きではないと言う。大事なのはコーチとして実力があるかないかじゃないのかといつも考えている。

　しかし、サッカーに限らず、また指導者だけでなく選手でも、女性の場合は、結婚して出産して育児がスタートすると、家庭と仕事の両立が難しいのではないかとは思う。福岡J・アンクラスの加藤（旧姓川村）真理選手は、出産後ママさんプレーヤーで復帰したが、

周りの協力がかなり必要だと聞いている。身体的には問題はないが、子供を連れて指導やプレーはできないので大きな課題だと感じている。１・２年指導現場を離れたら、戻れなくなるのではないかという不安がある。実際に、女子サッカーのトップ指導者には圧倒的に結婚してない方が多いことから、周囲の女性コーチも先のことを心配していると言う。

7．指導者としてのキャリアを拓く力

　２名の指導者の共通点を考えてみよう。家族の影響で小さい頃からサッカーを始め、小中高と競技生活を継続することができた。日本代表など、選手として高いレベルでの競技経験があった。クラブチームに所属して現役を終えた後、所属していたチームからコーチのオファーを受けている。競技を継続できる環境や家族やチームの支援があったと言える。また、所属していたチームや大学で尊敬できる指導者に出会い、その後の自身の指導に影響を与えるような指導を受けている点も共通している。

　環境や周囲の支援だけでなく、２人が選手として自分自身をどのように見ていたかについても共通点がある。２人ともベテラン選手の中にいて、自分自身の強みをしっかりと把握して、自分の強みを活かしてプレーしようと努めた。またそのことが自分の価値を高めチームに貢献できることになると理解していた。このことは、その後、指導者として選手をポジティブに捉えることや、選手に対して強みを最大限活かすように指導していることともつながっている。

　次に、指導者になろうとする過程で、自ら積極的に熱心に学んでいることにおいて２人は共通している。２人とも指導者講習会に参加して公認の指導者資格を取得し、フォーマルな講習会で最先端の

コーチングについて学び、取得した資格は自身の指導者としての質の証明にもなっている。柳井氏が受講しているA-Proコーチ養成講習会は、2021年秋に開幕する日本女子プロサッカーリーグ「WEリーグ」のチームで監督ができる指導者を養成すると同時に、世界のサッカー界における女性指導者のリーダーとなる人材を育成することを目的に開設されたものである。女子サッカーの歴史がまだ浅いため、高いポテンシャルを持ちながら指導者としての経験を十分に積む機会が足りない女性指導者を対象に、S級ライセンスに準ずるライセンスを認定するもので、A-Proを受講している柳井氏は、監督としての経験不足は否めないが、それを補って余りあるほどの高い評価を受けている。

　講習会への参加や資格取得といったフォーマルな学びだけでなく、2人の指導者は指導者としての経験や知識を深めようと常に努力し、異なるチームの指導経験や初心者の指導、男子チームの指導、外国人監督の結果重視の指導など、様々な指導に触れて自分の指導経験として生かそうとしている。柳井氏は自分の育ったクラブだけではなく仙台や千葉のクラブで指導を学び幅を広げているし、浦田氏はすぐにコーチのオファーがあったにもかかわらず、流通経済大学の男子チームで多くの指導者の下で学び良い指導法は取り入れたいと飛び込んできた。

　また、男性のコーチや指導者が多い環境であるが、男子サッカー部のコーチを経験したり、日頃から男子サッカー部の練習や試合を観戦し、コーチたちと積極的にコミュニケーションを取り、分からないことがあれば何でも質問し、積極的に他の指導者の意見を聞いて学んでいる。オープンマインドで自分のありのままの姿や考えを包み隠すことなく率直に語り、それと同時に他人や他の物事に対しても興味を示し、積極的に受け入れて学ぶその姿勢は、非常に好感

写真4．浦田氏による指導の様子2

が持て、一緒に切磋琢磨していきたいと思わせる。女子チーム内の選手同士のコミュニケーションも見違えるほど円滑になった。哲学者の安岡正篤氏は「人間は学び続けなければならない。学ぶことをやめたら、人間でなくなる」と述べている。またサッカー界でも、元フランス代表監督のロジェ・ルメールは「学ぶことをやめたら教える事をやめなければならない」と述べている。2人はB級ライセンスの講習会の同期生だが、流通経済大学の附属高校の監督と大学の監督としてまた出会い、ともに学び続け、指導者として悩みを語りあい、成長していくのが楽しみである。

　何よりも素晴らしいのは、浦田氏も柳井氏も自身が全てを楽しんでいることである。サッカーを楽しみ、教えることを楽しみ、意見交換することを楽しんでいる。「日本代表監督リレーインタビュー」[16]の中で高倉麻子日本女子代表監督が語っていることは、2人の指導者と多くの共通点がある。高倉氏も、サッカーを続けてきた中で

様々な環境で新しい仲間と出会って刺激を受け、それぞれの良さを
学んできた。そして、選手のときも指導者になっても、「サッカー
に長く関わり続けているモチベーションは、やはり自分自身がサッ
カーが好きだ、ということが強い」、「知れば知るほどこの競技の難
しさや面白さがどんどん深まっていくということが、モチベーショ
ンの一番大きなもの」、「指導者になってから選手と違う観点で物事
を考えなければいけない今も、いつも自分に何か足りないと思うこ
とに対して、なんとかしていきたいと考えることは、サッカーが好
きということと並行して湧き上がってくる」と、高倉氏は語ってい
る。こうした様子は 2 人の指導者からも強く感じられる。女性に限
らず成長し続ける指導者に必要な資質だと考える。

8．女性指導者の課題解決と支援

　浦田氏も柳井氏も、「女性コーチ」、「男性コーチ」という固定概
念で見られることの弊害を指摘している。2021 年 2 月28日に JFA
が開催した「JFA 女性リーダーシップシンポジウム」[17)18)] において、
アンコンシャスバイアス（無意識の偏見）について議論されていた。
田嶋幸三 JFA 会長は、「アンコンシャス・バイアスは、本人も気づ
かず、思い込みで進めてしまうから生まれるものであり、だからこ
そオープンマインドになることが大切です。『どうして自分より下
手な人間に言われなきゃいけないんだ』という気持ちがあったら
オープンマインドにはなれませんし、『女性はまだまだだ』と思っ
ていたら女性に意見を求めることはできません。そういう部分をな
くしていく必要があると思います」と述べ、日本オリンピック委員
会（JOC）理事で JFA 理事の山口香氏は、「リーダーになる人物に
は、アンコンシャス・バイアスが自分の中にあると認識し、気づこ

うという意識を働かせることが大切です」と述べている。女性指導者を取り巻く人たちに女性に対する思い込みがあるとオープンマインドになれない。そして、その思い込みは無意識の思い込みなので、気づこうとしなければなかなか気づくことができないということである。

　一般社団法人日本女子プロサッカーリーグチェアの岡島喜久子氏は、女性活躍社会をけん引するということを最大の目標としているWE リーグについて、「『WE』には『私たち』という意味もあるので、女性だけでなく、男性も含めてみんなでつくるリーグにしていきたいと思いますし、女子サッカー選手の地位向上、環境の改善にも取り組んでいきたいと考えています」と述べている。流通経済大学の女子サッカー部の監督は、創部以来ずっと男性だったが、高倉麻子氏が女子日本代表監督に就任したこともあって、筆者は女性の監督がいいのではと思うようになった。女性も男性も、女性だから男性だからという無意識の思い込みがないか気づき、相互にオープンマインドで学び合い、ともに優れた指導者を目指していくことが重要だと考える。

　また、柳井氏が指摘していた課題でもあるが、日本スポーツ振興センター[19]が調査を行った際に、「子育て支援及び家事との両立」は、「指導する環境・機会」、「学びの機会（セミナー・勉強・資格取得等）」とともに、各スポーツ競技団体が女性指導者の課題として重要度が高い項目として挙げていたものである。支援制度を設けている団体もあるが、その情報が知られていなかったり十分活用されていないという調査結果も示されている。アメリカの社会心理学者Susan Fiske 氏は、女性はかわいそうだから女性には大変だからと同情して助けることは、「慈悲的差別」であり、援助している男性はその無意識の差別に気づきにくく、女性もそのことで自信を損な

われることに気づかないことがあると指摘している[20]。家族との生活と仕事との両立や働き方改革は、女性指導者だけでなく男性指導者にとっても大事なことである。岡島氏が示唆しているように、女性指導者がのびのび自分の夢をかなえられる環境は、性別にかかわらず、どのような状況にあるどんな指導者にとっても望ましい環境であり、自分たち全体の課題として共に実現していくべきものであると考える。

【注及び引用・参考文献】
1）JFA（online1）公益財団法人日本サッカー協会（JFA）：データボックス. https://www.jfa.jp/about_jfa/organization/databox/player.html,（参照日2021年3月31日）
2）JFA に登録する際の大会種別で、第1種（一般・大学）は、Jリーグに所属するプロクラブをはじめ、社会人チーム、大学チーム、教員チーム、専門学校チームなど、様々なタイプのチームがあり、それぞれの全国大会がある。第2種（高校生年代）は、ほとんどの選手が高校生であり、チームを大別すると全国高校体育連盟所属の高校チームと日本クラブユース連盟所属のクラブユースチームに分けることができる。第3種（中学生年代）は、ほとんどの選手が中学生で、日本中学校体育連盟所属の中学校チームと日本クラブユース連盟所属のクラブユースチームに分けることができる。第4種（小学生年代）はほとんどの選手が小学生である。全日本少年サッカー大会決勝大会の予選大会が各都道府県で開催されている。女子選手の登録カテゴリーには年齢による区分けはない。JFA（online）JFA への登録. https://www.jfa.jp/registration/player_team/tournaments.html,（参照日2021年3月31日）
3）JFA（online2）JFA 指導者：ニュース（2020年08月04日）：女性指導者を対象とした「Associate-Pro（A-Pro）ライセンス」を新設. https://www.jfa.jp/coach/news/00025185/,（参照日2021年3月31日）
4）JFA（online3）女子サッカー：日本女子プロサッカーリーグ設立について. https://www.jfa.jp/women/we_league/,（参照日2021年3月31日）
5）JFA（online4）女子サッカー：A-Pro ライセンスについて. https://www.jfa.jp/women/associate_pro/,（参照日2021年3月31日）
6）JFA（online5）JFA サッカー指導教本2020. JFA 公認指導者資格保有者のみ購入可. https://www.jfa.jp/shop/books/coach1.html,（参照日2021年3月31日）

7）2006年４月、福島県双葉郡楢葉町に開校。ロジング形式（寄宿制）の中高一貫教育による長期的視野に立ち、サッカーを通じて「先頭に立って社会に貢献するリーダー」を育成することを目指す。2010年よりチャレンジリーグ参戦。2011年３月11日の東日本大震災により静岡県御殿場市の時之栖に移転した。

8）なでしこリーグ３部。日本を東西に二分して EAST・WEST に所属するチームが総当たりのリーグ戦を行い、その後 EAST・WEST の１・２位、３・４位、５・６位がそれぞれ集まってプレーオフを行い最終的な順位を決定する。

9）女性の生涯スポーツとしてサッカーができる環境をつくること、また女子サッカーの普及・強化を目的として、一般社団法人横浜 FC スポーツクラブと NPO 法人横須賀シーガルズスポーツクラブが提携。2016シーズンより、日本発条株式会社（ニッパツ）とスポンサー契約を結び、チーム名を「ニッパツ横浜 FC シーガルズ」とする（一般社団法人日本女子サッカーリーグ：チーム：ニッパツ横浜 FC シーガルズ．http://www.nadeshikoleague.jp/club/nippatsu/，参照日2021年３月31日）。

10）B 級コーチは、アマチュアチーム及びアマチュアレベルの選手（子どもから大人）に質の高い指導ができる指導者。B 級コーチ養成講習会では、C 級コーチからレベルアップし、全般的基礎固めを目指す指導者を養成することを目的としている（JFA：指導者：指導者養成講習会．http://www.jfa.jp/coach/official/training.html，参照日2021年３月31日）

11）INAC 神戸レオネッサ。2001年に誕生した女子サッカークラブ。INAC は International Athletic Club の略で、レオネッサは雌ライオンを意味している。2005年に L リーグに参入、１年で１部へ昇格。2010年に全日本女子サッカー選手権大会（現：皇后杯）初優勝、2013年まで四連覇。2011年なでしこリーグ初優勝。

12）岡山湯郷 Belle。岡山県美作市を拠点とする（なでしこリーグ２部）2001年、岡山県湯郷温泉の地・美作に官民が一体となって結成された女子サッカークラブ。Belle（ベル）はフランス語で「美人」の意。2004年に L2（現なでしこリーグ２部）の初代優勝チームとなり、2014年には１部レギュラーシリーズで優勝。

13）ジェフユナイテッド市原千葉レディース。市原市と千葉市を活動拠点とする女子サッカークラブ。地域の女性サッカー愛好家からの要望で活動を始めた女子チームを、J リーグ開幕に伴い、ジェフユナイテッドの下部組織にし、1992年に発足。2000年より日本女子サッカーリーグに参戦し、2009年に１部昇格。2012年皇后杯準優勝。2017年なでしこリーグカップ優勝。

14）2012年、東日本大震災により休部した東京電力女子サッカー部マリーゼが移管し、ベガルタ仙台レディースが発足。2013年プレナスなでしこリーグ

に参戦。2017年マイナビベガルタ仙台レディースとなる。2020年マイナビ仙台レディース発足。チームの前身であるベガルタは、本拠地である仙台の「七夕まつり」の「織姫（ベガ）」と「彦星（アルタイル）」に由来している。

15) 福岡 J・アンクラス　福岡を拠点になでしこ 2 部リーグに参加している女子サッカークラブ。アンクラスはスペイン語で「錨」を意味する「アンクラ」を複数形にしたもの。NPO 法人 ANCLAS として2006年から日本女子サッカーリーグに参戦。2018年、株式会社福岡アンクラスを新設し、地域に密着したクラブを目指している。

16) JFA（online6）JFA：NADESHIKO JAPAN：ニュース：日本代表監督リレーインタビュー第 1 回なでしこジャパン（日本女子代表）高倉麻子監督「やっぱりサッカーが好き」. https://www.jfa.jp/nadeshikojapan/news/00024832/, 参照日2021年 3 月31日

17) JFA（online7）JFA：NADESHIKO JAPAN：社会貢献：ニュース：女性リーダーシップシンポジウムを開催　前編. https://www.jfa.jp/social_action_programme/news/00026614/, 参照日2021年 3 月31日

18) JFA（online8）JFA：NADESHIKO JAPAN：社会貢献：ニュース：女性リーダーシップシンポジウムを開催　後編. https://www.jfa.jp/social_action_programme/news/00026625/, 参照日2021年 3 月31日

19) 日本スポーツ振興センター（online）女性エリートコーチ育成プログラム. https://www.jpnsport.go.jp/Portals/0/women/chap3.pdf, 参照日2021年 3 月31日

20) 女性活躍を阻むアンコンシャス・バイアス 2 　偏見を乗り越えるには. https://lightworks-blog.com/get-out-of-unconscious-bias, 参照日2021年 3 月31日

Ⅲ．ストレングス＆コンディショニング

（執筆責任者：小粥　智浩）

1．はじめに

　日本のスポーツ界で「ストレングス＆コンディショニング（以下 S&C)」という用語が定着しつつある。NSCA（National Strength and Conditioning Association）Japan では「S&C」の語について以下のように述べている[1]。

　　ストレングス＆コンディショニング (S&C) は、「ストレングス」と「コンディショニング」の二つの言葉で構成されていますが、それぞれの定義は以下のとおりです。ストレングス（Strength) とは、筋力、パワー、筋持久力のみならずスピード、バランス、コーディネーション等の筋機能が関わるすべての体力要素に不可欠な能力であり、単に力発揮の大きさを表すだけでなく、状況に応じて適切に筋活動をコントロールするための「神経−筋系全体の能力」と定義されます。コンディショニング（Conditioning) とは、スポーツパフォーマンスを最大限に高めるために、筋力やパワーを向上させつつ、柔軟性、全身持久力など競技パフォーマンスに関連するすべての要素をトレーニングし、身体的な準備を整えることと定義されます。また、一般の人々にとっては、快適な日常生活を送るために、筋力や柔軟性、全身持久力をはじめとする種々の体力要素を総合

的に調整することとなります。

　このS&Cをアスリートに対して指導する役割を担うのがS&C
コーチである。他の競技の例に漏れず、S&Cコーチにおいても女
性のコーチが極めて少ないのが現状である（2020年のNSCA Japan
会員の内訳を見ても女性割合は17.2%、その中でもS＆Cの割合と考え
るとかなり少ないのが現状であろう）。しかし、男性アスリートだけ
でなく、女性アスリートもS&Cコーチからの指導を受ける。とこ
ろが、ほとんどのS&Cコーチが男性であることから女性アスリー
トが女性コーチとしてのイメージを持つことができず、セカンド
キャリアとして女性コーチとしての選択肢を持つことができていな
いことが考えられる。そこで、本稿では、2人の女性S&Cコーチ
をロールモデルとして示すことで女性アスリートに、セカンドキャ
リアとしてS&Cコーチになるイメージを掴んでもらうことを目的
とする。

２．大石氏のコーチに至るまでの経緯とコーチとしてのキャリア

　最初に紹介する女性のS&Cコーチは大石益代氏である。大石
氏は現在、JISS（国立スポーツ科学センター）のパラリンピック競
技担当トレーニング指導員（定員専門職員）として活動しているが、
元々は、この分野の活動をアスレティックトレーナ（AT）として
勉強し、活動を始めた。
　高校時代、大石氏はソフトボールに打ち込んでいたが、１年生の
夏に左股関節の臼蓋形成不全の手術を経験した。術後、１年かけて
リハビリや体力強化に励んだものの、２年生の秋の大会直前に、左
ハムストリングスを挫傷した（後に骨盤の疲労骨折も判明）。1984年

当時は、現在のような競技復帰までのアスレティックリハビリテーションというものがなく、リハビリといえば院内リハビリで、日常生活レベルに戻るまでのものであった。学外でフィットネスクラブに通って体力強化に取り組んだものの、現在では当たり前に実施される補強・強化エクササイズのようなものではなかった。したがって、左ハムストリングス挫傷及び骨盤の疲労骨折は、必然的な二次的外傷であったと考えられる。この怪我を負う数週間前から左脚は挙げづらく、痛みも出ていたが、その状態を相談できる人が周りに存在せず、「このまま続けていたらまずいかも…」と不安を抱えつつも、目前に迫った大会に向けてガンガン動いてしまった結果の怪我であった。手術から1年かけてやっとの思いで復帰したところでの怪我であったため、現在でもなお最も辛い経験となっている。その苦い経験から、「相談できる"トレーナー"という人がいたらなぁ…」という思いが、「トレーナーになりたい！」という決意に変化した。

　日本大学（文理学部体育学科）を卒業した大石氏は、同大学の体育学研究室職員を1年勤めた後、アメリカに留学し、トレーナーの勉強を開始した。留学中の夏期休暇帰国時に日本ソフトボール協会と接点を持った関係で、シドニー五輪前に女子日本代表チームの強化合宿時に臨時トレーニングコーチを務める機会を得た。これがきっかけとなり、2001年から愛知県にあるデンソー女子ソフトボールのチームトレーナーを3年間、2003年12月からはJISSでトレーニング指導員をフルタイムで勤めた。デンソーのチームトレーナー時代からソフトボールU23女子日本代表のトレーナー（大会・合宿派遣）を務めていた関係で、2005年9月からは、女子日本代表チームトレーナーをメインに日本ソフトボール協会でメディカル関連業務を担当し、JISSでは非常勤から嘱託指導員となり、ソフトボー

ルのみならず、女子レスリングや女子柔道などのトレーニングサポートを担当した。

　その後、15年にわたってソフトボールをメインにしたトレーナー活動を行ってきたが、JISS でパラリンピックアスリートのサポートを開始するにあたり、パラ担当のトレーニング専門職の定員枠の募集があり、2015年4月より JISS のパラリンピック競技担当トレーニング指導員（定員専門職員）となり、現在に至る。

3．大石氏のコーチング哲学＆コーチング方法

■自律・自立したアスリートの育成

　大切にしているものは、自律と自立。プレー中も含めて、自分で考えて判断し行動できる選手への働きかけを重視している。自分を律して競技に向き合うことも重要であるが、自ら行動を起こす"自立"も大事。そのためには、なぜそれをやるべきなのか、目的は何なのかをよく説明する。理解した上で、自分の体を意識的に動かすことが重要である。

　これは自分が怪我をした経験の影響があるかもしれないが、自分の怪我の要因を自分自身で理解することが大事であるし、アスリート達には「自分の体に責任を持とう」と伝えている。トレーニングや練習をするということは、自分自身の体を「作ったり壊したりしている」ともいえる。つまり、怪我をしたとしても、突き詰めていくとそれは自分の責任である。もちろんドクターやトレーナーのサポートを受けながらアスリートは活動するわけであるが、自分の選択には、自分で責任を持つことが重要である。

　ただ、いくら自発的にやりなさいと言っても、初めから自由にさせると戸惑う選手が多い。多くの選手は高校時代までは、指示

を待って動いていたり、あまり考えずに "やらされている"。または、自分でやっていたとしても、どこかで見たものを、見よう見まねで "なんとなく" やっていたことが多い感じだった。「やらされている」もしくは「考えてやっていない」時代から、何事に対しても、行うことの意味を説明し、「頭で理解し、体で感じて」、実践へと導いていく。つまり、はじめは様々なことを教え込み、そして少しずつ手を離し、自発的に考え、行動できるように働きかけていく。料理で例えるなら「具材を与え、基本的な調理方法は教えるものの、自由度も与えながら、料理の仕方は自分で覚えていく」といった感じである。

　例えば、ウォーミングアップ。はじめの段階としては、様々なエクササイズを行う上で、なぜこれが必要なのかを説明し、一つずつ動きを丁寧に教え込んでいく。それが、ある程度浸透してきたならば、徐々に選手に自由度を与え、選手自身が、その日の体調や練習内容なども踏まえて、考えて、選択し、実践してもらうようにする。

　全体の流れとしても、はじめは、開始から終了まで、全員が揃って同じ内容で始める。意味を理解し、ある程度慣れてきたならば、前半部分は個人で自由に実施し、そしてあるところからは全体で統一して行うように移行していく。例えば、「全力でのダッシュ以降は全体で行うから、そこまでの準備は各自で実践するように」、などである。徐々に選手の自立を促し、我々の手を離していくことを大切にしている。

■実践の後押し

　また、パフォーマンスの向上、怪我の予防には、トータルコンディショニングが重要となる。そのためには、体のケアに関しても、自律・自立して行えるかが重要である。これらに関しても、はじ

めは教えこむ。例えば、お風呂上がりのストレッチひとつとっても、なぜ必要なのかを説明していく。また、こちらから指導するばかりでなく、選手が取り組み易い環境を整備してあげることも重要である。ストレッチポールなど様々なグッズを用意して、選手にも興味を湧かせながら、まずやってみようという気にさせ、実際に取り組んだ際には、その効果を確実に実感させ、自発的に行うようにと導いていく。体験して効果を実感すれば、選手は継続する。良い体験は繰り返し習慣化していく傾向にあると感じている。

　まずは取り組むべき意図を説明し、その効果を体感・実感させること。そして、良いと感じた取り組みを、継続できているかを、時々確認することも重要な要素である。選手に取り組みの様子を聞くこともしかり、見ることもしかりである。自立を促した後、放置するのではなく、選手の動向を見守り、継続している姿勢や体、意識の変化を認め、褒め、気づいた点があればアドバイスを送ることも大切にしている。これらの繰り返しが、選手の実践の後押しとなり、セルフコンディショニングの定着に繋がっていくと感じている。

　高校までは、学校（部活）単位での練習がベースで、顧問の指導に依存するところが大きく、閉鎖的な環境だが、高校卒業後の数年間は、大学に行っても実業団チームに行っても、国体やジュニア代表など自分の所属チーム以外の環境やコーチングスタッフの考えに触れる機会としてとても重要な時期であると感じている。普段と違うコーチングを受けたり、異なる環境の中で考えたりすることが、将来的に自分の中で選択肢を増やすことになると思っている。

■他のスタッフとの共有
　また、ちょっとした意識を変えること。これらのような取り組みは、選手に対してだけでなく、コーチングスタッフも含めた意識改

革が必要であった。自分の役割、立ち位置としては、コーチングスタッフのサポートでもあるが、コーチングスタッフと同様に、そのチームの目的を共有しているスタッフである。そして、コーチとは少し異なる専門性を持ったスタッフである。そのため、目的達成のために、コーチとは異なる角度からのアプローチも含めてサポートをする。

　例えば、水分摂取一つとっても、「しょっちゅう水分を摂取する選手は、タフでない」と指導者が思っていたケースも少なくない。しかしながら、なぜ水分を摂取したほうが良いのか、なぜ摂取したほうがパフォーマンスも向上し、質の良いトレーニングが可能になるか、ということを指導者にも説明する必要があった。ただし、説明するタイミングを見計り、伝え方を工夫する必要があるので、指導者をよく観察して空気を読んだ方が良い。

　また、スポーツ現場の「あるある話」でもあるが、一般的に監督が普段いる場所の近くにドリンク類が置いてあることが多い。そうなるとどうしても選手たちはドリンクを取りに行くのを躊躇し、我慢する傾向にあるので、その結果、脱水が進み、パフォーマンスが低下する。そんな時には、給水用ボトルを置く位置を選手が取りやすい場所にこっそり変更することが、水分摂取を促すために、一番効果的であったりする。

■可能性を信じ続ける

　選手の可能性をこちらから見切りをつけないこと。長年トレーナー活動をしていると、この選手はおおよそどのくらいまで成長しそうかが見えてくる（見当がつく）こともある。しかしながら、こちらから見切りをつけることは絶対にしない。その選手が、まだそんなに教わっていないだけ、成長する術をまだ知らないだけという

ことが多々あると考えている。実は我々が思っている以上に伸び代が大きい選手が多くいるのではないだろうか、と。

　パラリンピックの選手を担当するようになってから、より強く思うようになった。脊髄損傷の選手など、もう動かないであろうと言われている部分が継続的な努力によって、反応したりする。自分の想像を超えた、考えられないような成長もする。決して勝手にこちら側で限界を決めることをせず、伸び代を信じる、可能性を信じ続けることが、選手の成長の後押しとなると感じている。

4．清水氏のコーチに至るまでの経緯とコーチとしてのキャリア

　次に紹介する女性のS&Cコーチは清水由香氏である。清水氏は、小さいころから走るのが好きで、陸上競技でオリンピックに行くことが夢であった。高校生の頃から走るフォームや筋トレに興味があり、自分なりに研究をして実践し、その時にいつか引退した後に陸上競技の指導者になりたいと思い始めた。

　21歳でサッカーに転向してからは、陸上競技とは違うアジリティ（ターンや横の動き等）や対敵動作、また長距離選手にはないサッカーに必要な瞬発力、パワー等の重要性を感じ、それらの強化のために学び実践し続けた。瞬発力・スプリントの部分は、陸上競技200mで世界陸上に出場する選手であった夫からも学ばせてもらっていた。

　サッカーをはじめてから、「走る」ということや「コンディショニング」の重要性をあまり感じていない選手が多いことに衝撃を受けた。みんなこんなに上手なのにもったいない。女子サッカー選手の足をもっと速くできれば、コンディションをもっと高めていければ、女子サッカーのレベルがさらに上がるのではないかと思ったの

　が、サッカーのフィジカルコーチを目指そうと思った一番のきっかけである。

　また30歳のときに前十字靭帯を断裂し、手術・リハビリ生活をしたときに傷害予防の重要性や、長期離脱からのパフォーマンス向上にもさらに興味を持った。

　引退後、結婚や妊娠というライフイベントもあったため、子育てが落ち着いてから「走る」ということに関わりたいと思っていた。そんな中ジェフレディースに声をかけていただき、コンディショニングコーチとして働かせていただくことになった。

5．清水氏のコーチング哲学＆コーチング方法

■【自分を知る・自分で考える・気づきを与える】

　自分自身と向き合い、自分自身を知ることが、成長の第一歩である。

　自らが自分の目標・目的を考え、長所と短所を知ることにより、今何をすべきかを考えさせること。

　選手として成長する可能性に気づかせること、を大切にしている。

　その「気づき」を提供するためには、自分の指導や働きかけで選手に変化を出し、選手自身がその効果を実感すること。それによって選手との信頼関係も深まっていく。与えられたものを実行するだけでは本質は変わらない。自ら考え自ら行動する選手を育成したい。気づきを与え、自分を知り、努力する。その努力を継続することで、メンタル面の強化にも繋がる。そして繰り返しのトレーニングで自信をつけ、試合で実力を発揮することができると感じている。

■【傾聴・誘導・個別対応・観察】

　それらを引き出すために、寄り添い話を聞き、選手が前向きに取り組めるように考えさせること、誘導すること。個々でコーチングの仕方を変え、その選手にあった声かけ・寄り添い方・距離感などを大切にしている。また選手をよく観察し変化や努力の過程に気づき、気づきを伝えることも重要である。

■コーチング内容

・ランニングコーディネーション

　陸上とサッカーの経験から、ランニングコーディネーションにより、走りの姿勢や接地の仕方・腕の振り方・股関節の可動域等の改善によって、サッカーでのスピード、持久力、傷害予防につなげる。

・アジリティ

　細かなフォームや動き方や重心移動などの改善を、サッカーをプレーする上でのアジリティのスキル・テクニックの向上を目的として実施。

・コンディショニング全般

　シーズン（年間）を通じて戦うための、体づくり・持久力・筋力強化など。

　全体への指導は、ウォーミングアップやフィジカルトレーニングをはじめ、週1回ランニングコーディネーションを取り入れ、その他全体トレーニングの前後で個別でのトレーニング指導を中心に実施している。

６．女性コーチならではの苦労

　ここでは、2人のコーチからの女性ならではの苦労について紹介

する。

　まずは大石氏からのコメントである。女性コーチとしてのディスアドバンテージとしたら、はじめに気になったのは体格。大柄なアメリカンフットボールの選手をストレッチするにも、まず選手の体が大きいし、脚が長くて重い。ストレッチをアシストするのに自分の体が小さくて届かない。また、ストレングスのセッションではMAXに近い重量を上げる時のサポートはなかなか難しい。しかしながら、ストレッチの際には、自分の体を上手く使って効率よくやれば、つまりは工夫次第では可能であり、ストレングスのセッションでは、自分がサポートできなくても、選手どうしでサポートさせるなど、マネジメントができれば、問題ないことの気づきも勉強となった。

　もう一点。ある競技団体をサポートした際には、指導者から無言の圧力のようなものを感じたこともあった。女性のS&Cコーチであることで、あなたに何ができるのかな、と見下されているように少なからず感じた。

　しかしながら、自分自身この畑で勉強して経験を積んできた自負があり、自分の主張はしっかり示した。監督とS&Cそれぞれの専門領域で勝負をするという気持ちで、その自信を示すつもりで目力では負けないようにした。選手であり、監督であり、自分たちもそうだが、その道のプロとしてやってきている訳なので、自負がある。新しいこと・やったことのないことに対して抵抗感を持たれることもあるが、プラスになることを受け入れてもらうために、どう伝えていくかを工夫するようにした。何事も信頼関係を作ることが重要であり、そこに男女の違いはない。人と人との付き合い、勝負であると感じている。

　アメリカの大学で学生トレーナーとして活動していた時も同様の

ことを感じたことがあったが、それも、男女の違いというよりも、学生トレーナー、しかも外国人であったために、そのような扱いだったとも感じる。いずれにしても、そこからどう信頼関係を気づいていくかが重要である。私の場合は、留学中ボクシングもやっていたため、時々顔にアザを作りながら、アメフト選手のテーピングを巻いたりしていると、「そのアザはどうしたんだ」と、コミュニケーションのきっかけになり、話も弾み、そこから「気合の入ったやつだ」とコーチや選手たちから一目置かれる存在になったことは覚えている。

　清水氏からは、女性コーチとしてのメリット、デメリット両面から述べてもらった。

　女性コーチが女性を指導するメリットとして、女性の特徴を自身の経験を踏まえて理解していることが挙げられる。性別による身体的な特性、体型などの違いを理解した上で、トレーニングを実施することが重要と考えているため、女性特有の体の強化のポイントや月経周期などを、理解し共有した上でトレーニング指導ができる点はメリットと言える。

　アジリティの強化を例に挙げていても、女性は男性に対して筋力が弱い傾向にある。筋力のベースを男性以上に強化すべきとの考えもあり、筋力やパワー強化にも取り組んでいるが、まずは女性の現状での特性を活かしていくことを優先的に考え、アジリティ強化を中心に取り組んでいる。効率良い体の使い方や接地の仕方などを追求し、筋力でカバーできない部分を動きの改善により強化していくことを意識し実施している。

　実際のコーチングにおいては、同性だからこそお互い理解し易く、伝わりやすい部分もあるものの、逆に伝わらない部分があるとも感

じている。一番大事なのは性別関係なく、選手個々の特徴を理解することと、その選手に必要な要素の見極め、そして選手自身が納得してトレーニングに取り組める状況を作り出すことだと思っている。それぞれの特徴を抑えて、メンタル面での捉え方の傾向や、高いモチベーションで前向きに取り組めるように誘導する声かけや、自分で考えさせるなどの工夫もしている。

　一方デメリットと言うか、現状として女子サッカーの歴史は浅く、女性指導者・女性のフィジカルコーチの数は男性に比べればかなり少ないのは事実である。サッカーに限らず他の競技でも同様かと思うが、一般論として平均的に見ると、女性コーチよりも男性コーチの方が経験豊富な指導者の数が多く、また力や速さで男性のほうが優位なため、質の高い指導を受けられるのではないかという印象もあるのが現実ではないだろうか？自分自身も親として子供のスクールのコーチをそういった視点で感じてしまう部分も無い訳ではないと感じている。

　それらも踏まえると、女性指導者に対する印象や評価がこれから正しく確立されていくことを願っている。それには指導者としての立ち振る舞いはもちろん、結果にこだわること、つまり選手の成長で我々の成果を示すことも必要であり、しっかり学び正当に評価されるように、私自身は取り組んでいきたいと思っている。

7．働きやすい環境づくりのための社会・スポーツ界への 提言・要望

　まず大石氏から、トレーナーとしての経験も踏まえた上でのコメントである。

　女性コーチ、女性アスリートの数は男性に比べて少ない。トレー

ナーは以前と比較して、男女比が同様に近づいてきたと感じるが
S&C は、かなり少ない。そもそも S&C 自体が、男性である認識が
根強い。

　私が働き始めた頃は、男女関係なく、S&C としてのみで、働く
ことは難しい時代であったために、AT として、マルチタスクをこ
なしている人が多かった。AT としての仕事も、トレーニングコー
チとしての仕事も両方行っていた。現在は、それぞれ分業されて雇
用も確立しているチームが増えてきたが、まだまだ女性 S&C の需
要は少ない。女性スポーツの現場においては、必要性を感じていて
も雇用が難しく、マルチタスクをこなせる人が望まれている現状も
ある。しかしながら、今後女性を求められる場は広がってくると思
うので、可能性は広がってくるのではないかと思う。

　そのような中でも、重要なことは、男性も女性も、自分自身の価
値をいかに高められるかである。何ができるのか、どう信頼を勝ち
取るのか、それには専門的技量だけではなく、人間力も非常に重要
な要素である。女性の方が、需要が少ないということは、男性よ
りもハードルが高いとも言えるが、あえてその少ないチャンスに挑
んでいくことに、その価値がある。求められる環境を探し、そこで
勝ち抜いていくことが大切なのではないだろうか。確かに男性の方
が、チャレンジできる機会が多いものの、女性にもチャンスが無い
わけではない。ハードルは高いかもしれないが、その少ない可能性
にチャレンジする人材も少ないのが現状ではないだろうか。国立ス
ポーツ科学センターのトレーニング指導員の公募が出てもなかなか
そこにチャレンジしてくる人材はいないのが現状である。そういっ
た面では、キャリアアップに男女差はないともいえる。

　一方、近年、競技現場よりも、ボディメイクを目的とした、パー
ソナルトレーナーのように、個別でのトレーニング指導の希望者や

需要は多くなり、人材も増えてきている。どの職業を選択するかは、その人の目的次第であるが、私自身は、「いずれは日本のスポーツ界に貢献したい」という初心をもって、アメリカに留学して AT や S&C を学び活動を始めた。個人的には、「いつかはオリンピックでサポートしたい」という思いを持ちながらトレーナー活動に励んでいて、その想いが実現したので、そういった目標設定をして活動する人が増えてくれることを望んでいる。そのためには、女性スポーツがもっと魅力のあるものになっていかなければならないとも思う。

　女性でプロスポーツとして確立している種目をあげるとすれば、「ゴルフ」だろうか。テニスやバレー、バスケなど一部プロとして活躍している人もいるもの、非常に少ないのが現状である。プロサッカーリーグが2021年度開幕するがどのように発展していくかは未知数である。そう考えると、雇用の場は少ない現状であることに加え、仕事内容の中で「力仕事」も大きな要素を占めることも踏まえると、男性と比較して不利な点でもある。

　また、男女差という視点とは異なるが、パラリンピックスポーツをサポートしてから、障がい者と健常者の違いを感じることも少なくない。インクルージョン、ダイバーシティといった言葉も聞かれるが、その意識も世界と比較をすると大きな違いがあると感じる。日本ではハード面をバリアフリーにしよう、ユニバーサルデザイン、アクセサビリティなどという意識はあるものの、それ以上に心の面、意識の改善が必要であると感じる。

　パラリンピック候補選手の話を聞いていても、「ヨーロッパやアメリカでは、一般の生活に車椅子の方がいることが普通、日常である。そのため、健常者、障がい者との壁を作らない。一つのエピソードとして、地元のトレーニングジムに通っていて2階へ行きた

い時、エレベーターが整備されていない環境では、誰もが自然に手伝ってくれて、2階まで2人がかりで担いで連れて行ってくれたりする」と。日本では、サポートする気持ちはあっても、戸惑いや不安があって、自然にできる人は意外と少ないのではないだろうか。アメリカでは、必ず障がい者用のトイレが狭いレストランでもどこにでもある。日常に障がい者がいるのが当たり前であり、施設だけでなく、心の面、意識面の認識を変えていくことも、多様性を受け入れていくことにつながっていくのではないだろうか。

　次に、清水氏から、出産・育児も経験された立場からのコメントである。

　妊娠・出産・育児というライフイベントが訪れたときに、どうしても一定期間は指導を離れることがあると思う。女性コーチがこれからますます増え活躍していくことを考えると、やはり復帰に向けたサポート体制・柔軟な働き方が受け入れられるような環境が少しずつ整っていくことを願っている。

　例えば、学びのための資格取得等の研修などもオンラインで受講できたり、長距離の移動はなく参加できたり、宿泊は無しにしてもらう等をサポートしてもらうことにより、夢をあきらめずに育児しながらでも勉強して資格が取れるようになれば、出産・育児後も働きやすくなると思っている。

　現在私も3歳と6歳の子供がいるが、育児との両立には周りの方の理解やサポートがないと働くことができない状況である。現在働いているジェフレディースでは、フロント・スタッフ・選手みんなが理解してくれており、現場に行く回数を制限させてもらえていたり、時間も考慮してくれたり、子どもを帯同しても良かったり、とても働きやすく自分の昔からやりたかった仕事をやらせてもらって

いる。そのような環境があれば、夢ややりたい仕事をあきらめることなく続けることができると思う。今後そのような環境がスポーツ界でもっと増えたら嬉しく思う。

　現在所属するジェフレディースは素晴らしい環境を整備して頂いており、他のクラブのロールモデルにもなりえると感じている。

　女性コーチとしての夢があっても、どこかのタイミングで諦めねばと感じてしまっている人が多いのでは無いかと思う。今後女性コーチが増えていくためには、職場に行かなくても仕事・勉強が可能なサポート（オンライン等）、職場に行っても仕事が可能なサポート（託児所サービス等）体制が整うこと、そして周囲がそれらを考慮した働き方に対する深い理解がある環境が整っていくことを期待している。

８．S&C を目指している学生へのメッセージ

　最後に、将来の日本を支える、学生に対して頂いた２名のコメントを紹介する。

■大石氏から

　まず、「少年よ大志を抱け！」かな。大志を抱いてほしい。壮大なことを言うようだが、私自身 ATC 目指して渡米した際、「いつかは日本のスポーツ界に役立つ人間になるぞ！」という志を持ち、日々しんどいことに追いまくられながらもその志を持ち続けた。すると、自分という小さな人間のエネルギーを超えたがんばりができることをしばしば体験した。「自分が成長することが、日本のスポーツ界のためになる！」という勝手な思い込みが踏ん張る力となり、その力が蓄えられ、相応しい時が来たときに未来を拓いてくれ

た（実話です）。

　是非やりたいと思ったら、本気で取り組んでみてほしい。非常にやりがいのある仕事である。一方、信頼を得るまでは非常に大変であり、労働に対する対価が高いわけでもなければ、きっと外から見えているほどカッコ良い仕事でない部分も多い。お話を聞かせて下さいと連絡をくれる学生がいるが、「ネットで調べられないことを聞いてくださいね」と折り返すと、その後連絡がこない場合もあり、これで本気度がおおよそ分かる。

　また、学生時代はとにかく「地力」をつけることに努める。知識もそう、実技実習もそう、毎日の小さな「入力」をどう濃くするかは自分次第。何をやるのでも心構えをしっかりと持つ。テーピングであれば、一球入魂ならぬ一巻入魂！　いろんな形の足関節を巻かせてもらえることに感謝しつつ、私が巻く足関節は絶対に怪我をさせないぞ！と念を入れながら巻いていた。暑苦しい話に聞こえるでしょうが、本気でやっていました。

　それと、「種まき」＝人脈づくりも重要。自ら足を運んで人に会い、自己紹介しておく。いろんなところに種まきしておくと、いつその芽が出るかはわからないけれど、それが一つのチャンスを引き寄せてくれると思う。

　私も学生トレーナー時代に休暇帰国した際、日本ソフトボール協会に出向いて、「今、アメリカでトレーナーになるための勉強をしています。今後多少なりともお役に立てることがあるかと思いますので、何かありましたらご連絡ください。」とアピールした。その1年後ぐらいに、静岡で行われた女子ソフトボール世界選手権の大会医療スタッフ（ボランティア）のお話を頂き、そこからU19代表の帯同トレーナー、日本代表の臨時トレーニングコーチへと繋がっていった。チャンスをもらえたら「ええ仕事しまっせ！」とできる

ように地力を蓄える努力をしつつ、チャンスを引き寄せてモノにするための心がけも必要だと感じている。

■清水氏から

　指導技術を学ぶことと同じくらい、伝える力の重要性を強く感じている。指導者からただ伝えたり教えたりするだけでいいわけではなく、選手が本当に理解できているか、高いモチベーションで取り組めるかによって効果は違ってくる。選手の素晴らしい取り組みや、綺麗なフォームやトレーニングでの変化などをよく観察し、気づき褒めることもモチベーションを高く保つための一つの方法でもあると思う。

　そして自分自身が熱意を持つこと、熱を伝え続けること！私自身は常に伝え方や小さなコミュニケーションを大切にしていて、選手との対話から何を必要としているか、また体の状態や気持ちを理解するように努めている。私自身が絶えず自分を振り返り成長を目指すことで、選手の力を引き出していきたいと思い取り組んでいる。みんなでスポーツ界を盛り上げていきましょう！

9．まとめ

　今回は 2 名のコーチを紹介させて頂いた。執筆責任者として、インタビューを終えて、両者共に、「ストレングス＆コンディショニングコーチとして、基本的に男子も女子も関係ない。どれだけ、熱意を持って目の前の仕事に打ち込めるか。もし、職業柄、男子よりも女子コーチの方がハードルが高いならば、それを乗り越えていく情熱が必要であると。何事に対しても、創意工夫して、情熱持って取り組む事が大切であり、そこに対して、男女差はないと認識して

いる」と強く感じました。人として、仕事に対して真摯に取り組む
姿勢と周囲への感謝を忘れない謙虚な気持ちの大切さを、改めて学
ばせて頂いた機会となりました。

　ご協力頂いた、大石益代氏、清水由香氏に心から感謝申し上げま
す。

【注及び引用・参考文献】
1）NSCA JAPAN ホームページ，https://www.nsca-japan.or.jp/01_intro/sandc.
　html，2021年4月21日参照.

IV．新体操

（執筆責任者：田畑　亨）

1．新体操の今日

　本項では、新体操コーチを取り上げるわけであるが、「新体操」という競技名について整理からはじめていく。今日、一部高等学校の部活動において「男子新体操」の活動が報道などを通して、目にする機会が増えてきている。ここで使用されている用語に注目するが、「男子新体操」と表記されている。しかしながら「女子新体操」と用語を目にする事はなく、従って「新体操」という競技名は女性スポーツという意味が、初めから根付いている事がわかる。この本で取り上げられる競技のほとんどは、男性が中心となり熱狂的に実施し、その後女性もその競技を行うようになっているが、「新体操」はそもそも女性スポーツであったことから、これまで本書で取り上げてきた事例とは異なる事を特筆すべき点であると言える。

　次に、我が国における新体操の変遷について整理することにする。資料が残る範囲で、昭和21年ごろから、我が国の新体操の前身となる、「団体体操」として展開され、「団体徒手（体操）」と競技名称で実施されていた[1]。その後、「一般体操」であったり「団体徒手体操」と競技名称を変更しながら、日本独自のスタイルとして競技が実施されていた。昭和23年には、団体徒手選手権大会が開催されそこで行われた規定演技と自由演技で構成され、規定演技では、男子は、日本青年体操、女子はラジオ体操第2が採用されていた。自

由演技では、女子は６名で道具を用いた手具体操が実施され、男子は、手具を用いず、徒手体操と転回運動、組運動、組立運動で実施されていた[2]。昭和27年から全国高等学校総合体育大会（インターハイ）において団体競技として採用されるなど、競技の普及が図られる様になった。

　国内で新体操が普及される中、1969年にブルガリアで開催された第４回世界選手権に初めて、日本代表が参加した[3]。世界大会に出場する事により、競技力の向上が一気に加速し、世界大会やオリンピックにおいてメダル獲得を目標に掲げ、選手強化が今日図られている。

２．新体操のスポーツ的特徴について

　新体操の特徴として１番に挙げられるのは、採点競技であるということである。スポーツには、競技の内容や技の難易度に応じて採点し勝敗を決定する種目は多い。採点競技は、フィギアスケートや体操、新体操などがオリンピック種目として挙げられる。競技内容を採点するが故に、採点結果で過去様々なトラブルも生じてきているのも事実である。新体操教本によれば、新体操の採点には、「難度」、「実施」、「芸術」の３部門で行われる[4]。個人種目、団体種目では、演技中に必ず演技しなければならない技と数が決められている。それを確認するのが「難度」の採点基準である。競技中に発生した技の失敗や手具などの道具を何回落とすかなどを判定して採点するのが「実施」の採点基準である。次に特徴的なのが「芸術」の採点基準である。Federation Internationale DE Gymnastique: FIG 国際体操連盟によれば、新体操の演技における芸術構成の主要な目的は、観客に感情を伝え、表現のアイディアを伝えることであり、

表 1. 新体操選手登録者数

（単位：名）

	小学生 （6〜11歳）	中学生 （12〜14歳）	高校生 （15〜17歳）	大学生 （18〜21歳）	社会人 （21歳〜）
令和 2 年	4252	2965	2062	331	53
令和 1 年	4794	3686	2344	320	55
平成30年	4822	3563	2428	359	44
平成29年	4228	3490	2499	340	44
平成28年	4442	3502	2489	350	34

出典：公益財団法人日本体操協会登録人口表から筆者作成

伴奏音楽、芸術的イメージ、そして美しい身体の表現性であると定めている[5]。「近代スポーツ」の多くがそうであった様に、自らの力を発揮し、相手に力や記録で優位に立つことで勝敗を決定してきたスポーツとは違い、新体操の特徴は、音楽と手具を使用して観客を意識した身体運動を実施し勝敗をつける部分が他のスポーツと最大に異なると言える。

　この新体操的スポーツ感で繰り広げられるスポーツであり、そこで求められるコーチの能力も他のスポーツと異なると言える。

　一方、新体操の特徴としてあげられるのが、選手層の年齢である。

　公益財団法人日本体操協会が集計している選手登録人口表からもわかる通り、年齢が上がるにつれ、選手登録人数が減っていく事がわかる。選手登録者の減少はどのスポーツでも言えることであるが、高校生から大学生への段階で多くが競技を離れる事がわかることから新体操競技の年齢的特徴として若年層に集中していると言える。

　「新体操教本」におけるアスリート長期育成モデルも以下の段階で定めている。

　・Fundamentals（基礎的な段階）

　　女子：6〜8歳

・Learning to Train Phase（トレーニングを学ぶ段階）

　女子：8～11歳

・Train to Train Phase（トレーニングのためのトレーニングをする

　段階）

　女子：11～15歳

・Train to Compete Phase（競うためのトレーニングをする段階）

　女子：15～17歳以上

・Train to Win Phase（勝つためのトレーニングをする段階）

　女子：17歳以上

　令和2年の競技者総数9673名中7227名が小中学生に集中しており約8割を占めている。従って新体操のコーチはこの世代の指導に多くがあたっている。そして新体操の特徴である「芸術」を競い合うスポーツにおいて、その基礎を指導する年代のコーチの役割は非常に重要であるといえる。そして競技人口からもわかる様に10代のうちにトップアスリートまで育成していくという新体操競技の特徴を理解し、コーチ像を見ていく必要があると言える。

3．新体操コーチの特徴

　新体操は「芸術」を競い合うスポーツ的特徴を持っている。それ故にコーチは、採点規則を正確に判断する必要がある。公益財団法人日本体操協会「新体操教本」よると、FIGが新体操のルールを4年に一度改定している。これは、英語で配信される為に、協会が採点基準を翻訳にまとめる前に、自らルールの把握に務め、指導の現場に取り入れる様としている。

　日本体操協会では以下の通り指導者への資格制度を設けコーチ資格を付与している。

●公認体操指導員

　地域スポーツクラブやサークルにおいて、子どもから高齢者まで幅広い年齢層を対象に体操（新体操）の基礎的実技指導にあたる指導者

●公認体操上級指導員

　地域クラブにおいて、年齢・競技レベルに応じた体操（新体操）実技指導にあたるとともに、スポーツ教室などの企画立案に参画できる指導者

●公認新体操コーチ

　競技者育成プログラムに基づき、当道府県内レベルで競技者の発掘・育成にあたる指導者

●公認新体操上級コーチ

　ナショナルレベルで活躍できる競技者の育成・強化にあたる指導者

　新体操で紹介する女性コーチは櫻庭氏である。櫻庭氏は茨城県牛久市で生まれる。新体操との出会いは、小学校へ入学を機に、地元牛久で開校していた体操教室に入ったところから始まる。体操教室では、主に体操競技を中心に活動していた。体操教室で練習に励む一方、ピアノ教室に通い、リズム感を養っている。小学校1年生から小学校5年まで種目別体操を行い、関東大会に出場するなど活躍を見せていた。その後小学校6年生の時、新体操の華やかさ、美しさに魅了され、新体操に転向したという。中学校から大学まで新体操競技を続け、県大会入賞、全日本インカレへの出場を果たすなど、競技の一線で活躍してきた。この間、高校3年生の時の怪我を機に、将来新体操の指導者になりたいと思うようになったという。将来、指導者になることを念頭にスポーツ系の学部を志望し、流通経済大学スポーツ健康科学部に合格し新体操部に入部し競技を継続した。

　櫻庭氏が新体操部に入部した当時から、新体操部には、流通経済大学の職員と大学が所在する茨城県龍ケ崎市の住民を中心に設立した、総合型地域スポーツクラブ「クラブ・ドラゴンズ（以下、ドラゴンズ）の職員がコーチとして指導にあたっていた。

　少し話は逸れるが、この総合型地域スポーツクラブの説明をしておきたい。総合型地域スポーツクラブとは、我が国のスポーツ政策によって推し進めている地域に根ざしたスポーツクラブである。2000年に策定された「スポーツ振興基本計画[6]」という文部科学省のスポーツ政策において、2010年までに全ての市区町村において最低1つのクラブを設置する事を目標に掲げてきた。日本スポーツ振興センターの補助金を受け自立までの支援を受けられるクラブである。この総合型地域スポーツクラブの構想は、これまでのスポーツクラブのあり方を大きく変えるものであった。これまでのスポーツクラブはスポーツ少年団を中心に実施され、その多くは、野球やサッカー、バスケットボールなど単一種目であった。中学校から始まる運動部活動もそうで、単一種目で行われ、子供たちは気がついたら一つのスポーツしか経験せずに成長することになる。この当時、世界を見渡した時、特に欧米諸国では、多くのスポーツを1つのクラブで取扱い、子供たちは複数のスポーツを経験する事により、スポーツ適正に繋がってくる。これは、子供たちのスポーツ活動の場だけでなく、幅広い年代を対象にしており、地域住民が集う場として地域の活性化にも期待されているスポーツクラブである。この様な運営形態をとっているドラゴンズが新体操部の練習の前にドラゴンズの職員と新体操部の学生が指導者となり、龍ケ崎市周辺の幼稚園生、小学生を対象に実施している新体操教室の指導を1時間行なっていた。新体操部の部員は地域の子供達に新体操のレッスンを行なってから自らの練習を行うという珍しいスタイルであった。指

導者を目指していた櫻庭氏においては、この経験から新体操の指導者を強く志す様になったという。

　大学で新体操の競技を終え、卒業後は、民間のスポーツクラブに就職し新体操の指導者として働き出した。

4．クラブ・ドラゴンズへの就職とコーチ業

　ドラゴンズは先述した様に総合型地域スポーツクラブとして活動をしている。ドラゴンズでは陸上競技、新体操、体操、パーソナルトレーニング、卓球など多種目のスポーツを取り扱い活動している。新体操のコーチを行なっていたドラゴンズの職員が退職する事になる。ドラゴンズでは新体操教室は主力事業ということから、新たな職員採用には、新体操経験者を募集する事になる。民間スポーツクラブで新体操の指導をしていた櫻庭氏は、このスポーツクラブを退社し、ドラゴンズへ転職する事になった。ドラゴンズは、日本スポーツ振興センターから補助金を得るために、クラブマネージャー・アシスタントマネージャーの資格取得する必要がある。またドラゴンズの職員は、大学教員が無給で事務局長を務め、クラブマネージャー資格者と櫻庭氏の2名が専任職員として1名のアルバイト職員で事務局を形成していた。櫻庭氏には、新体操教室でのコーチとして期待する一方、ドラゴンズは総合型地域スポーツクラブであることから約300名の会員の管理業務や、各スポーツ教室の指導者との連携、アシスタントマネージャー資格取得など、コーチ業を超えた業務を任された。

　本書では、女性コーチを対象にコーチに抱える課題の抽出を目的に執筆されているが、クラブの特徴から櫻庭氏の場合、コーチ業を務める傍ら、クラブ経営について携わる必要がある事が特徴である

と言える。

　チームでのコーチ業とは違い、月謝を頂きながら子供達の指導に
あたるのがスポーツクラブの特徴的なコーチ業である。会員確保は
クラブ経営に大きく影響を与えることから、退会者を出さないこと
も指導現場において考慮する必要がある。指導と経営の狭間で指導
をする部分が本書で取り上げられるコーチの方々とは大きく状況が
異なることを指摘しなければならない。

5．新体操コーチの全容

　櫻庭氏の週間スケジュール、シーズンとオフシーズンを通して新
体操コーチについて考えていきたい。櫻庭氏の特徴は、先述したよ
うに、総合型地域スポーツクラブの事務局員であり、新体操教室の
コーチも兼ねている。また、新体操の競技特性でもあるように「芸

術」を競い合うスポーツであるという事も新体操のコーチを理解する上で重要な点である。この芸術のポイントとして国際体操連盟が定めるところによれば、「観客に感情を伝え、表現のアイディアを伝えることであり、伴奏音楽、芸術的イメージ、そして美しい身体の表現性であると定めている」という事である。要するにコーチはここで定めるポイントを指導する訳であるが、コーチの「芸術」性が問われると言っても過言ではないと言える。その為のコーチ業も増えているのが特徴的であると言える。例えば、演技構成、演技の選曲及び編集、選手の衣装の選択・作成などがあげられる。新体操の競技特性であるが、櫻庭氏は、小学生を中心に指導を行っている事から、これらの特徴的なコーチ業が加わってきている。

　公益財団法人日本体操協会が作成している新体操教本があるが、この教本は、新体操のコーチ養成に使用している本である。その中には、演技の選曲や編集方法、衣装の作成方法などの具体的な指導

は掲載されていない。従って、これら「芸術」を表現するのに重要な部分は、自ら鍛錬する必要がある。従って、コーチ自身の「芸術」性が必要になってくる。櫻庭氏へのインタビューにおいても新体操のコーチの問題として、実際に選手を指導する一方、曲選び編集作業や衣装作成作業に追われ、新体操のコーチの成り手が増えない原因であると指摘している。また、常にこれらの作業に追われ、櫻庭氏自身のライフプランにも影響を及ぼしていると不安を抱えていた。結婚や妊娠などのライフステージに至った際、長期に渡り指導の現場を去る必要がある、他のコーチに負荷を与えてしまう。持続可能な新体操のコーチの視点で考えた場合、これら環境の変化を考える必要があると言える。

　新体操のコーチは、大会では審判を行う場合がある。本章で何度も指摘してきているが、新体操は「芸術」を競い合うスポーツである。それ故に審判としての能力も向上する必要がある。審判としての能力向上は、演技を採点する視点を養う為、コーチの資質向上に繋がると考えるが、審判としての練習時間を割く必要がある。このように、櫻庭氏のスケジュールを見てもわかるように、多くの時間を新体操のコーチとして時間を割いている事がわかり、負担が非常に大きいと言える。

　現在櫻庭氏は独身であるが、櫻庭氏の今後のライフステージの変化においては、子育ての時期も訪れてくる。子育て期においては、到底これら多くの時間を新体操のコーチとして時間を割くことが困難であると言える。しかしこれまで新体操の現場を見てきても、男性コーチが入りこむ余地も難しい状況である。

オフシーズン

時間	月	火	水	木	金	土	日
7：00	起床						
8：00	朝食／準備など					朝食／準備／移動	
9：00	OFF	曲探し	曲編集	審判練習	練習ノート確認	教室開始	教室開始
10：00				演技構成	オンライン		
11：00		指導案確認	衣装手直し	指導案確認	勉強会		
12：00		メニュー確認／昼食					
13：00		出勤			昼食		
14：00		事務作業			指導案確認		
15：00					出勤		
16：00				移動／準備	教室準備／事務作業		
16：30		移動		教室開始	教室開始	教室終了	教室終了
17：00		教室開始	教室開始			自宅到着	自宅到着
18：00					教室終了		
18：30					退勤／自宅到着	衣装デザイン作成	衣装手直し
19：00					夕食など	夕食など	夕食など
20：00					明日のメニュー確認		
21：00		教室終了	教室終了	教室終了	曲編集	練習反省／メニュー確認	
21：30		自宅到着	自宅到着	自宅到着	演技構成／技検索	演技構成／技検索	審判練習
22：00		夕食など					
23：00							
0：00	就寝						

シーズン（6月〜8月、10月〜12月）
3日間（宿泊）の試合があった場合

時間	月	火	水	木	金	土	日
7：00	起床						
8：00	朝食／準備など					朝食／準備／移動	
9：00	OFF	大会スケジュール作成	審判練習	曲探し／編集	スケジュール確認	会場入り	会場入り
10：00		演技構成／話検索	大会スケジュール確認		移動		
11：00		指導案確認		指導案確認			
12：00		メニュー確認／昼食					
13：00		出勤			会場入り		
14：00		事務作業				競技試合	競技試合
15：00							
16：00				移動／準備			
16：30		移動		教室開始	会場練習		
17：00		教室開始	教室開始			移動	
18：00							
18：30						練習	
19：00					監督会議		帰宅
20：00					打ち合わせ	移動	
21：00		教室終了	教室終了	教室終了	夕食など	打ち合わせ	自宅到着
21：30		自宅到着	自宅到着	自宅到着		夕食など	報告など
22：00		夕食など		夕食など	スケジュール確認		夕食など
23：00				大会確認	スケジュール確認		
0：00	就寝						

6．櫻庭氏が目指すコーチ像

　櫻庭氏と新体操の出会いは、小学校 6 年生の時に当時体操教室で指導していた中国人コーチの影響で中国に 2 週間合宿を行った事がきっかけであった。その後も選手として活動を続けるが、大学進学を契機に指導者の道を考えるようになってきた。流通経済大学新体操部の特徴として、練習前にドラゴンズが開催している新体操教室に通う、子供たちに新体操を指導してから、新体操部の練習を行っていた。従って大学生での選手時代から子供達に指導をするところから、櫻庭氏のコーチとしてのキャリアがスタートした。大学卒業後は、民間のスポーツクラブの新体操コーチとして就職した。その後ドラゴンズに転職し現在に至っている。2019年には、茨城県で開催された第74回国民体育大会（現：国民スポーツ大会）では、茨城県新体操チームのコーチとして 3 位の成績を収めた。現在櫻庭氏は、公認新体操コーチ 3 資格を有している。

　櫻庭氏のコーチとしてのキャリアとして幼少年代から17歳以上のトップアスリートまでの指導経験を有している。現在では、ドラゴンズでの新体操教室に参加する幼少年代と小学生を中心に指導を行っている。

　櫻庭氏は、自身が小学 6 年生の時に指導を受けた中国人コーチの指導に対して非常に大きな影響を及ぼしている。この影響とは、否定的な捉え方で、その当時受けていた指導は、勝利至上主義的指導を受け、非常に厳しい指導を受けてきた。新体操教本でもあるように、櫻庭氏は Fundamentals（基礎的な段階）を指導する年代を中心に指導している事から、新体操の基礎を大事にしている。何よりも新体操は「芸術」を競い合うスポーツであり、幼少期の子ども達にいかに「芸術」を教えるか、「芸術」の基礎を身につけさせるかを

熟慮しながら指導しているという。その中で美しさを日頃から意識
させ、美しさを体現する為に日常・練習時における礼儀正しさ、そ
の子の持っている人間性を最大限に引き出すように指導をしてい
る。この「芸術」の指導は、幼少期の子供達に理解させるのが非常
に難しい中、子ども達の保護者に対するフォローも欠かさないとい
う。練習終了後には保護者に駆け寄り、子どもの様子を丁寧に説明
する事を心がけているという。また、子供に注意した事項について
も保護者に説明する。幼少期の理解では、誤った理解をする事があ
り、それに伴い、コーチと子供達また保護者との関係が悪化する事
を防止している。

　コーチは、選手との信頼関係を構築することはコーチングにおい
て重要なことである。しかし新体操の特徴として幼少期から競技を
始めるということ、また「芸術」という非常に難しい視点で競技が
行われる事から、コーチと選手の関係も去ることながら保護者から

の理解を得る事が非常に大事であると櫻庭氏は考えている。

7．まとめにかえて

　今回、1名の新体操コーチを対象に新体操のコーチの現場を明らかにしてきた。今回の事案は、新体操全体のコーチ像を描いている訳ではないが、一端を垣間見る事ができた。新体操の特徴として「芸術」を競い合うというスポーツの特徴が新体操コーチの難しさを浮き彫りにしているという。現場での指導は勿論のこと、それ以外にも演技構成・選曲・編曲・衣装構成・衣装作成など、指導以外の作業もコーチ業として加わってくるのが特徴的であると言える。他のスポーツで置き換えて考えた時、選手のユニフォームもコーチが作成しているというになる。それ故に、1週間の多くの時間をコーチとして時間を割いていることになる。一方、選手とコーチの

関係構築に努めるのは勿論、幼少期の子供達を指導するにあたっては、その背後にいる保護者との関係構築に努める必要がある。また、新体操の指導の多くは女性が行っている。ライフステージの変化とともに、コーチ業として時間を割くことができなくなることに対して、不安を抱いている。このような事から、コーチ業を続けている中で、結婚時期についても悩むという。

　新体操においていかに持続可能なコーチのあり方を構築する事が急務であると考える。それは、コーチがコーチの能力を高める為の時間を如何に増やすことができるかという事である。ここでも紹介したように指導以外のコーチ業をアウトソーシングできるか。櫻庭氏は、保護者の協力が必要不可欠であると考えている。いかに、保護者が新体操の活動に加わってもらうかが、コーチがコーチとして専念できるかの鍵であるとしている。

【注及び引用・参考文献】
1）公益財団法人日本体操協会　新体操教本，平成27年12月，p.7.
2）公益財団法人日本体操協会　新体操教本，平成27年12月，p.9.
3）公益財団法人日本体操協会　新体操教本，平成27年12月，p.5.
4）公益財団法人日本体操協会　新体操教本，平成27年12月，p.14.
5）公益財団法人日本体操協会　新体操教本，平成27年12月，p.14.
6）https://www.mext.go.jp/a_menu/sports/plan/06031014.htm

V．ダンス

（執筆責任者：宗宮　悠子）

1．はじめに

　新型コロナウイルス感染症が猛威をふるった2020年、劇場で上演される舞踊も形を変えた。観客のいない劇場で、オンライン配信を目的とした上演も、2020年の秋以降はスタンダードになりつつあった。"新しい形の上演舞踊"が見えてきた中でも、変わらずにプロフェッショナルを目指す若いダンサーたちがいる。日本では、習い事として"ダンス"の人気が非常に高い。さらに、近年、世界で活躍する日本人ダンサーが注目されるようになった。こうした活躍や習い事の背景には必ず指導者が存在する。しかし、ダンスに特化した指導者の指導方針や指導法をまとめたものはスポーツに比べて少ないのが現状である。一言で"ダンス"といっても、そのジャンルはクラシックバレエ・モダンダンス・コンテンポラリーダンス・ストリートダンス…競技ダンス、ブレイクダンス…ジャズダンス…と無数にも存在する。そこで今回は、クラシックバレエ・モダンダンス・コンテンポラリーダンス・ストリートダンス（Jazz）に焦点を当て、これらの指導にあたる30代の女性指導者を対象にした。ダンス指導者同士が指導方針や指導法に関することを話合うのは過去にもあまり例がないが、今回はジャンルを超えた指導者の対談を実現した貴重な記録である。

２．プロフィール

はじめに、対談に参加した４名の指導者のプロフィールを紹介する。

①大出唯（おおでゆい）

　３歳よりバレエを始め、涌井三枝子に師事。京都バレエ専門学校専門課程卒業。在学中、福谷葉子、高橋純子、パリオペラ座バレエ講師より指導を受ける。

　2014年１月～大阪にエトワールバレエスクールを開講。

　その後、多くの指導者賞を受賞。さらには2015～2017 ローザンヌ国際バレエコンクールに出場する生徒や、2016～2018 YAGP NY ファイナルに出場する生徒などを輩出。現在、エトワールバレエスクール出身のバレエダンサーは国内外で多く活躍している。

　FTP ベーシックピラティスインストラクター資格保持者。

写真１．主宰するエトワールバレエススタジオで指導する大出氏

②幅田彩加（はばたあやか）

　８歳よりモダンダンスを黒沢輝夫・下田栄子に師事。ジュニア期に東京新聞主催全国舞踊コンクールを始めとする３大会にて第１位受賞。シニア部門にて埼玉全国舞踊コンクールを始めとする３大会にて第１位受賞。平成23年度文化庁の新進芸術家育成研修制度研修員として２年間渡米。2014年 Internationnal Festival Of Modern Choreography In Vitebsk（国際振付コンクール）にてグランプリを受賞。その他、新人振付賞やオーディエンス賞などに輝く。筑波大学卒業、同大学院修了、筑波大学学長賞受賞。

　現在は平成国際大学スポーツ健康学部の専任講師として講義や研究を行うと共に、ダンス部を新設し指導を行なっている。2019年 Artistic Movement in Toyama にて北日本新聞社賞を受賞。また、コンクールの個人指導を小学生から大学生まで様々なダンススタジオにて行なう。振付指導作品が各地の舞踊コンクールにて上位入賞を果たし、優秀指導者賞受賞。

写真２．新設した平成国際大学のダンス部にて指導する幅田氏（中央）

③本間紗世（ほんまさよ）

　1987年大阪生まれ。5歳からモダンバレエを始める。2006年神戸女学院大学音楽学部音楽学科に舞踊専攻が開設され同年入学。島﨑徹をはじめとする世界の第一線で活躍する舞踊家より舞踊全般を学ぶ。大学卒業後、オランダのRotterdam Dance Academy（Codarts）へ1年留学。帰国後、2012年度後期より神戸女学院大学音楽学部音楽学科舞踊専攻非常勤講師に就任。主に島﨑徹作品のミストレスとして国内外で多数活動し、後進の育成に力を注いでいる。

　振付指導作品が国内外において高く評価され、日本予選を突破して国際コンクール本選に出場するなどの成果を収めている。

写真3．訪問指導を行っているエトワールバレエスクールにて指導する本間氏
　　　　（左から4人目）

④MASAE

　T.M.Revolution 西川貴教、関ジャニ∞等のバックダンサーを務める。舞台「HOPE」脚本、演出を担当、日テレ「スター☆ドラフト会議」出演、水樹奈々「Angel Blossom」PV 出演、movement final 出場、ヴァンパイア☆kiss 振付、Vlidge 全国ツアー オープニングアクト 振付。produce team、solo 共に、国内のコンテストの参加し、多数優勝している。KING OF PEEPS FINAL 優勝。Number one dance contest 優勝。GRANDSOUL ONLINE FINAL 優勝。First Stage 優勝。Top of the dance FINAL 7位。Soulm8 dance contest FINAL 3位。ICE CREAM japan dance contest 優勝。RUN UP!! solo 優勝。FIRST CROWN 優勝。JAZZY glow 優勝。JAZZ FLAVOR 優勝。その他数々の受賞歴あり。

写真4．プロデュースするダンスチームが優勝した時の集合写真（MASAE 氏前列中央）

以上の通り、指導しているダンサーが日本の舞踊コンクールや国際コンクールなどで多くの賞を受賞している。上記の成績はそれぞれのジャンルで権威のある大会である。他のスポーツで例えるとすると甲子園やインターハイ優勝、さらにはオリンピック日本代表と同等と考えてよい内容である。

3．ダンスとの出会い〜現在について

ダンスのジャンルが異なると、はじめるきっかけも大きく異なると予想される。そこで紹介した4名の指導者たちがいつから舞踊を学びそして指導を始めたかについて対談から各指導者のコメントを記す。

幅田：私は8歳からモダンダンスを始めて、全国舞踊コンクールで成績を残し、2007年に筑波大学に入学しました。そのときに今までコンクールという個人競技としてダンスに向き合うところから、団体での作品創作や公演の企画などの総合芸術としての広がりに触れて、さらにダンスを学びたいと思い、大学院にも進みました。大学院の途中、文化庁の新進芸術家育成制度のもと、ニューヨークに2年間研修で行かせていただき、帰国してからは、創作活動を精力的に行いました。作品を作ることに興味がすごく湧いて、いろいろな舞台を経験させていただいた後、今は大学に勤めています。宗宮先生と同じように、体育の先生や、スポーツ指導者になりたい学生を対象にダンスや身体表現の授業を行っています。また、着任時にダンス部を新設して指導を行っています。ただ、今言ったように、ダンスをバリバリ踊ってきました！という子達だけではなく、ダンスには今まで

縁がなかった学生、大半は男子学生たちを集めて活動を始めました。なので、ダンスなんかはやりたくない…みたいな子たちをどれだけ本気にさせてやらせるかみたいなところをここ２～３年は苦労しつつ、楽しみつつやっていたという感じです。１年目から全国大会に出したりして、果敢に活動は続けています。その一方で、自分自身がダンサーとして育ててもらった全国コンクールに出場する小中高生に振付や指導もさせていただいています。

本間：私は幼い頃とても身体が弱く、何か身体を動かすことをさせたいと思った母が幼馴染が通っているモダンバレエ教室へ見学に連れて行ってくれたことをきっかけに５歳からモダンバレエを始めました。見学へ行ったその日に私服でレッスンに参加し、踊っていたこと今も鮮明に覚えています（笑）。私も小学生から高校生まではコンクールに出場し、経験を積みました。それから今に繋がる転機は、2006年に神戸女学院に舞踊専攻が開設されると聞き、振付家であり教授の島﨑徹先生に出会ったことです。「この人の下で４年間学ばなかったら一生後悔する！」と思い、入学を決意しました。今は有難いご縁を頂き、主に島﨑先生のミストレスとして国内外でお仕事をさせてもらっています。またミストレスとして仕事を始めた時期と同時に、小学生の頃から親交のある大出唯先生のお教室で初めて個人としてお仕事を頂き、今も有難く関係が続いています。

大出：私はクラシックバレエを３歳から始めて、家の近くのバレエ教室があったので、そこでずっと習っておりました。15歳のときからそこのお教室で教え始めましたが、その間京都のバレエ専門学校の専門課程から入学することができました。入学と同時に17歳のときから自分のスタジオを構えています。今年で

もう17年になるのかな。私も小学生、中学生ぐらいまではコンクールに出ていたのですけれども、私は自分自身にはたいした経歴が何もないです。エトワールバレエスクールの子どもたちがよく頑張っているので、今はコンクールにもよく出ています。でも、最近はコンクールがどんどん増えているのでコンクールの結果ってどうなのかなと、今ちょっとそんなことを悩みながら過ごしています。

MASAE：私がダンスを始めたのは高校に入学し、ソングリーダー部に入ったことがきかっけで本格的にはじめました。ソングリーダーは俗にいうチアダンス。皆さんに比べて、ダンスを始める年齢も遅いですが、同ジャンルだと珍しくない年齢でのスタートです。高校でダンスを始めて今現在インストラクターで働いている人は沢山います。私自身は、バックダンサーとしての活動が多いです。振付指導としては、アイドルの振付や、子どもたちのコンテストチームの振付、あとは発表会やイベントなどの振付が主な活動の場です。コンテストチームの振付指導を始めて7年、各部門（U9、U12、U15、オープン）で結果を残すことができています。レッスンの方は2021年の3月に、スタジオを借りて自分でプロデュースしたダンスサークルをスタートしました。

　MASAE氏以外は、比較的低年齢から踊りを始めていた。予想していた通り、MASAE氏以外の指導者は民間のバレエ教室から習うことが始まりであったが、MASAE氏は高校の部活動でダンスと出会っていた。クラシックバレエやモダンダンスは高い柔軟性が求められる舞踊ジャンルであることも幼いころから始めるパターンが多いといえる。またストリートダンスは近年、学校現場の部活

動で人気の高いジャンルである。そうしたことから、舞踊人口は増え世間にも注目されるようになった。MASAE 氏もソングリーダー部からの転向ではあったが、このようなパターンは多いということもわかった。そしてこのようなパターンがあるからこそ、近年のダンス人口増加にもつながっていることが理解できた。

4．各ジャンルの指導の実態

　"ダンス"と一言でまとめても、歴史背景も異なること現在の指導形態にもそれぞれの特徴がある。まずはそれぞれの指導実態について詳しく聞いた。

幅田：　私の知っている範囲でお話をします。日本のモダンダンス、現代舞踊は、昔は師弟関係で家に住み込みみたいな形をとりながら習っていくという、伝統芸能のような形で先生との関係性が築かれて発展してきた歴史があると聞きました。なので、今もその傾向は少し残っているのでは無いかと思います。ただ、昔みたいに住み込みをしてはいるところは今はないかも知れませんが、他のジャンルのようにオープンスクールで幾つものスタジオを生徒さんが自由に行き来するような形態は、現実まだそこまで浸透していないと思います。もしかしたら他のジャンルよりも先生との関係性を築いていくことを大切にしているように感じます。今話したのはお稽古場で習う場合で、高校とか中学のダンス部で表現系ダンスを習う場合はまた少し環境が異なると思います。また海外だと、モダンダンスという名称が指すものが少し変わってくると言えます。カニングハムとかマーサグラハムなど体系化されているテクニックがあるので、私が

　　NY で研修していた時も、オープンクラスが多数存在していま
　　した。

大出：クラシックバレエも一緒だなと思いながら、今聞いていまし
　　た。クラシックバレエも（生徒を）囲うじゃないけれども、そ
　　の先生から他に行きづらい（移籍）というのがあります。それ
　　は指導者として、私もジュニアの子たちが勝手に外に習いにい
　　くのは基本禁止にしています。指導法が違うということもあり
　　ます。ですが、現代では SNS の発展と普及から内部事情が丸
　　見えで、子どもたちはいろいろなスタジオのこともよく知って
　　います。それは良くも悪くもといった印象です。

宗宮：習い事全体にいえることですが、簡単に情報を入手し入会す
　　る、そして簡単に辞める・・・ことが可能な世の中になりまし
　　たね。

大出：はい。本当にやめるときもそれこそあっさりと、LINE でや
　　める方が多いです。移籍も簡単なのかもしれません。お教室を
　　選ぶのは生徒さん側なので、移籍した場合こちらの指導不足だ
　　なとも思います。でも、クラシックバレエよりも、モダンダン
　　スのお教室のほうが、師弟関係や、移籍問題などが厳しそうと
　　いうイメージはあります。

幅田：日本舞踊とかそちらのほうに近いのかもしれないですよね。
　　流派とか、名取とか・・・。モダンダンスと言っても、それぞ
　　れの先生やスタジオで舞踊哲学・美学があって、普遍的なもの、
　　共通に良いとされるものは存在します。また100年以上の歴史
　　やコンクールがあるので型が出来ているのも否めません。本来
　　は型からの脱却を求めて生まれたモダンダンス。型を教えるの
　　とは少し違う。でも、自由なジャンルだからこそ、色々な舞踊
　　観に触れられるようにオープンにするべきかもしれないですよ

ね。今回、他ジャンルの指導者の方々のお話を聞いて、色々考えさせられました。

宗宮：そうですね。大出先生、クラシックバレエの指導実態の特徴みたいなのは他にもありますか。

大出：指導の特徴ですか・・・。基本的に、クラシックバレエはメソッドというのがきちんときまっています。洋舞ですので、メソッドは一番大切ではありますが、日本人の骨格に合わせた指導をしなければいけないと感じています。だからといって、独自のメソッドをするのはクラシックバレエに反する気持ちもあり、指導法はすごく悩みます。お教室によってもこのメソッドです（例：RAD）とうたっているお教室もたくさんあります。私はまだ自分が勉強不足というのもあって、このメソッドです、というのがなかなか言えません。

宗宮：最近、多様なコンクールが全国各地で開催され奨学金や海外留学権などの副賞の贈呈も沢山準備されていますね。多くの子供たちが参加していると思いますが、そのあたりはどのように感じますか。

大出：私は基本的に海外に行くことを勧めていません。でも、今はどんどん低年齢化。小学生でも長期（留学）で行ってしまいます。子どもというよりも、親御さんがそう思っているのかなと感じることもあります。でも、私は若い頃から行くことは、反対です。

宗宮：日本人の活躍もありバレエコンクールはすごく盛り上がっていますね。

大出：とても盛り上がっています。私の教室は、過去にブログや、今はSNSなどでコンクールの報告などをしますが、それらを見て自分の娘をコンクールでどうにか入賞させてほしいという

　　親御さんもいます。私は入会のときに断りますが素人の親御さんたちには結果がないと、選んでもらえない現状もあると思い必死になっている先生たちもいらっしゃると思います。

宗宮：そうですね。次に本間先生、コンテンポラリーダンスというジャンルに限ってなんですけれども、コンテンポラリーダンススタジオというものは日本にあまりないかなと感じますが、その指導実態というのを教えていただけますか。

本間：ないですよね。あったとしても、需要はないと思います。私が関わっているところでは、やはりコンテンポラリーダンスは、クラシックバレエあってのジャンルとしておかれています。つまり、私のように教室を持っていない者は、バレエダンサーがコンクールでコンテンポラリーダンスの課題曲に取り組む際にWS、振付指導の依頼を受け、その都度各教室に伺い、指導するというのがスタンダードです。全国各地伺っていますが、ヤドカリのような気分ですよ（笑）。また海外では私のように、振付家の作品を教えるレペティートと呼ばれる職種があります。私は、大学が休みに入れば、海外のカンパニーや、国内の団体に島﨑徹先生の作品を教えに出向いています。海外への留学志願者たくさんいますよね。私自身プロのダンサーになりたいと思い描いていたころは、海外に行くことが大きな目標であり、ゴールであり、夢でした。でも今いる環境で学べない子、変われない子はどこに行っても一緒というのは沢山のダンサーに関わらせてもらうようになり分かってきました。それは私自身も環境が変われば変われるだろうと勘違いし、期待していた時期がありました。そんな奇跡は起きないのに（笑）。人が変わるのは環境ではなく、自分自身の意識、思想が変わった時に変わる。また踊りのスキルの前に人の話を聞けるか、何事も楽しめ

る力があるか、臨機応変に対応できるか、学ぶ力があるか、人として大事なこと沢山あります。そのあなたが、どこにご縁があるのか、それがたまたま海外なのか、日本なのか、それは結果論です。どこで活躍するかではなく、どこで誰と共に仕事をしたいか、誰の下で学びたいかが大事です。まずは今身を置いている場所、所属しているお教室でしっかりと教養をつけることが大事だと感じます。また心身ともに健全でなければ多くの若いダンサー達が憧れるプロの世界でダンサーとして活躍するのは難しいでしょう。親御さん達にそれを理解して欲しい。どこでやっても一緒ですよ。環境が自分を良くするのではない。

一同：本当ですよね。

宗宮：では MASAE 先生、お願いします。

MASAE：今お話を聞いていて、本当にストリートダンスは自由だなと思いました。私は jazz HipHop というジャンルで教えさせていただいていますが、指導しているコンテストチームのメンバーには違うジャンルを色んな先生に習っている子たちも沢山います。中には、他のスタジオで習うことを辞めるよう勧める先生もいるというお話を聞きますが、逆にそちらの方がストリートダンスは少ないと思います。むしろ、色んな先生の元で色んなジャンルを学びなさいという気持ちの先生の方が多いと思います。

大出：その場合、生徒さんの所属はどうなるのですか。

MASAE：そもそもコンテストに所属先（お教室名）は出ない事がほとんどです。チーム名がでます。基本的には指導者の名前も出ないことが多いです。一応、私が指導しているチームは、完全に私がプロデュースをしていて、振り付けも全部やっていますが、ソロのコンテストに関しては、私が最初から最後まで振

り付けている子もいれば、最初から最後まで自分で振り付けを考えて、私はちょっと訂正するぐらいというふうなスタイルもあります。ソロの場合は、近年子ども達のレベルが高くて、自分でトータルプロデュースしてコンテストに挑戦している子も増えてきました。ここには指導者は関わっていない事が多いです。

大出：でも、その小さい子たちは、もともとどこかの教室に入会していますよね。

MASAE：そうですね。でも、この先生だけ！という子も沢山いると思いますが、最近のスタンダードは受けたいジャンルの受けたい指導者がいるスタジオに通うというものだと思います。

宗宮：では、極端な話月曜日はＡスタジオに行って、火曜日Ｂスタジオ行ってはみたいな感じということですか。

MASAE：そうです。地域によってやっぱりスタイルは様々だとは思いますが、私が教える地域や、特に都内では当たり前の状況だと思います。

本間：ストリートダンスが生まれた根源ですよね。どこかの教室に所属して習う…から始まるダンスではそもそもなかったので、やっぱりバレエやモダンダンスとは形態は違いますよね。

MASAE：そうですね。ただ、最近はストリートダンスでも団体として長く活動するところも増えてきています。

大出：バレエとかはやっぱり素質が大事だし、結局その素質を伸ばすためにも環境や指導者は大事だなと思います。ストリートダンスはいわゆる素質がある子とかというのは、そしたら本人が勝手に伸びていかないと駄目ということですか。

MASAE：そういう子は個人で、指導力のある先生や有名な先生のレッスンに通います。さらには海外に学びに行く子も多くなっ

ています。最近ですと、小さい頃からクラシックバレエもやっ
てきている子も多いです。

大出：私のところにも、メインはストリートダンスだけれどクラ
シックバレエが基本だからと言って、生徒で習いに来ている子
はいました。

MASAE：そうです。それはクラシックバレエのトレーニングや表
現スタイルはストリート界でも最近注目されていて、どんな
ジャンルでも基本はバレエというようになってきました。

一同：なるほど。

MASAE：やっぱり海外のトップダンサーとなると、HIP-HOP ダン
サーだろうと、クラシックバレエができる方が多いです。だか
ら、今の子どもたちはSNSで海外のトップダンサーを見るこ
とができるので、タイムリーな情報もすぐに手に入ります。だ
からか、バレエスキルが必要、色んなジャンルを習得するべき
だという考えを持った子ども達が増えてきました。

本間：クラシックバレエをやっておけば良かった。（笑）

幅田：本当に思います（笑）。子どもではないですけれども、一緒
にお仕事するダンサーの多くはやっぱりバレエもストリートダ
ンス系の身体の動かし方も知っていて、ボーダーレスに多様な
動きを生み出している、対応しているという印象があります。

MASAE：これは、ジャンルにもよりますが、私が教えているスタ
イルは、つま先は伸ばすことが大切で、バレエの立姿勢同様、
引き上げの姿勢（首が長く肩をさげる）も大事です。ウォーミ
ングアップでバーレッスンを取り入れることもあります。

宗宮：ここまでくるとジャンルの境界がなくなりそうですね。習い
事としてのダンス教室の在り方も変わってきそうです。

　想定していたとおり、ジャンルによって大きな違いがあった。日本と海外でもまた指導実態は異なるが、日本独自の指導形態が色濃く表れているのはクラシックバレエとモダンダンスだと感じた。特にモダンダンスは、日本舞踊の名取制度を用いたお教室も存在する。さらに幅田氏が話したように、指導者と生徒の関係性が濃いのも日本のモダンダンスの特徴といえよう。さらに、コンテンポラリーダンスに関しては、本間氏が"やどかり"と表現しているように、現役のプロフェッショナルダンサーが色々なスタジオに出向き、単発のワークショップを行ったり、振付指導をしたりといったことが指導のスタンダードといえる。一方で、ストリートダンスに関しては、その他のダンスジャンルに比べ、良い意味でもライトな関係性なのかもしれない。指導者は得意とするダンスジャンルを武器に生徒を集め、さらには所属先にはこだわらず、生徒が求めるダンスジャンルに応じて生徒自身が指導者を選ぶ主体的な指導形態であった。その中で、今回クラシックバレエの基礎取得の重要性を4名とも話していた。"すべての舞踊の基礎はクラシックバレエ"と話し、特に海外を視野に入れた活動を目指す若者を指導する場合は、指導者もきちんと学び教えられるようにしなければならないと感じた。

5．指導スケジュール

　指導者が過ごす日常はどのようなものだろうか。他の競技スポーツと同じ点もあれば異なる点もあるかもしれない。ダンス指導者として異なる立ち位置から彼女たちのスケジュールについてもインタビューした。

幅田：私は大学に勤めているので、基本的に日中は大学でお仕事を

していて、夕方から部活が始まります。今は週4回です。創部1年目は、私がプログラムを作って、私が作った振りを踊るという形でやっていました。今は4年目なので、基礎の練習よりも、創作の指導に重きを置いて行っています。他にも運営などの指導もしています。土日は、民間のダンススタジオ教室で、コンクール作品の振付や指導をさせていただいています。

大出：私は自分の運営する教室だけの指導なので、基本的に平日は夕方からです。一応、学年ごととか年齢ごとで基本的に2クラスから3クラスやっています。週5日間かな。火、水、金、土、日と今は教えていています。私が休みたいので、月、木は基本お休みにしています（笑）。でも、本番前とかコンクール前とかになったら、その日もレッスンを入れることもありますし、外部の講師のレッスンなんかはお休みの曜日に入ったりもします。

本間：私も大学に勤めているので、火曜日から木曜日まで大学にいます。大学が早く終わる日や他の曜日は、バレエ教室にクラスや振付指導に伺い、週末はほとんど地方へ教えに出向いています。

MASAE：2021年の3月からは私が代表を務めるダンスサークルのレッスンと、もう1つ違うスタジオでのレッスンのみになります。私も基本的には夕方からで月木日、あと土曜日は午前中から夜まで入っています。週4日、7コマを教えています。

　4名とも、忙しい日々を送っていることがわかった。日本には、海外のような国立の舞踊学校のようなものは存在しない（高校などで舞踊コース等が設置されている学校はある）。その為、特に小学生・中学生までの義務教育期間の子供たちは夕方以降にレッスンを行っている。つまりダンス指導者のほとんどは夕方以降に実務がある。

幅田氏、本間氏に限れば大学での日中の実務を本職とする傍ら、影響のない範囲で若いダンサー達への指導をしていることがわかった。特に４名とも、高い意識を持った若いダンサーへの指導をしていることからも土日返上で指導を行っていた。

６．女性指導者として

　株式会社ヤマハミュージックジャパンが2016年に行った調査によると12歳までのダンス人口の男女比は３：７と女子の方が多いことがわかっている。このような男女比は、指導者でも顕著で、特にクラシックバレエやモダンダンスの指導者は女性の方が未だ多い印象である。女性活躍時代という現代ではあるが、昔から女性が多い現場で、４名が"女性指導者"として、何か特別に感じたことはないかインタビューした。

大出：私が自分勝手に今までずっと来て今に至るので、主人には申し訳ないなと感じることもあります。それこそバレエをずっと３歳から、当たり前の中でやってきているから、夕方からの仕事は一般的には理解されなかったりもするのかなとも思います。今、娘が小学２年生、７歳です。２年前まで母が近くにいましたが母が他界したため、今はちょっと大変かな。それまではもう本当にほぼ私よりも、おばあちゃんといる時間のほうが娘は長いという環境でした。すぐにお願いできる親がいるのはどれだけ楽だったんだろうと、どれだけ甘えて過ごしていたのだろうと思いながらの今です。娘が大きくなってきて、少し自立してきているのもあり私がレッスン中や、コンクールでの遠征の時などはスタッフに見てもらっています。ほかにも近くにいる

友人宅にお泊りをお願いしています。私は母を癌で亡くしまし
たが、病院にかかってから、２週間で亡くなってしまったので、
介護とかそういうことは全くしていません。ですがこの２週間
でも、教室を自分で運営しているから色々と自由が利き、その
点は良かったと思える時間ではあったかなと思います。普通の
会社員でしたら２週間もいきなり休めないですよね。レッスン
は他の方に任せることができました。時間の融通が利いたこと
はスタジオ運営をしている利点だと感じました。

MASAE：息子がもうすぐ２歳になります。私は出産してからもダ
ンスを指導していきたかったので、主人や私の父と母の理解を
得て二世帯で家を建てました。なので、私が仕事の日はもう全
て私の父と母が見てくれています。主人が休みの日は主人が見
てくれていますけれども、基本的にやっぱり仕事は夕方からな
ので夜間保育園等に預けるとなると中々場所が限られてくるの
で、両親が協力してくれています。レッスンの日は、私も夕飯
を用意できるように努力し、それでも間に合わない日は母にお
願いしています。お風呂を入れて寝かしつけを、私の父が担当
するみたいな・・・そこは本当にありがたいですし、助かって
います。両親もまだ働いているので、どうしても無理な時は主
人の両親にも協力して頂いています。本当に家族の理解と支え
があって続けられていると、日々感謝しています。

宗宮：出産、育児というのは女性指導者にとって、大きな課題の１
つですね。お２人とも、助けてくれる家族やスタッフがいるこ
とはとても心強いことですね。

幅田：今話を聞いていて・・・私は祖父母もおらず、母も亡くして
いるので、きっと私の中では頼るところがないので、それが
ネックになっているんだろうなとは思いました。もし子どもが

　　産まれたら、きっと仕事を辞めなきゃいけないだろうなという
　　のがどこかにありますね。

本間：私は女性としての問題というよりは、日本で仕事し始めた頃
　　に年齢の弊害を感じることは多々ありました。その様に感じて
　　しまったのは、ただ単に指導者として未熟なだけだったと思い
　　ます。教えるとは何を？　私は何をシェアできるんだ？　自分
　　の役割は何か？　と模索する日々。今やっと身を以て後世に伝
　　えられるようになってきた気がします。

　大出氏とMASAE氏は結婚・出産・育児を経験していることか
ら、周囲のサポートについて話してくれた。先ほども述べたように、
ダンス指導者は、夕方以降の実務が一般的であることから、子ども
の預け先はとても大きな問題であるように感じた。2人とも、頼る
ことのできる存在が近くにいることから現在もレッスンを続けてい
られた。しかし、このような環境が整わず、指導者としての夢や結
婚や出産のタイミングを考えてしまう女性指導者は多くいるのでは
ないだろうか。これはダンス界のみならず、女性指導者の問題とし
て子育てのサポートは充実させるべき問題であると強く感じた。こ
のように"女性"であることが故に、周囲からの多くのサポートが
必要であることがわかった。女性ならではライフイベントの時に、
時間を気にせず、すぐに頼ることのできる制度などがもっと充実す
ると女性指導者もさらに働きやすくなると感じた。

7．SNSと指導

　近年SNSの普及発展が凄まじい勢いで進化を続けている。2020
年は新型コロナウイルス感染症もあり、より身近にSNSを感じる

１年となった。指導者として、SNS と指導についてどのように考えているのか聞いてみた。

大出：コロナ禍で、当スタジオもオンラインレッスンを行いました。新たな発見もあり、SNS があってよかったなと思える時間にはなりました。ですが、指導は直接向き合って、その場を共有し創り上げていくものだと改めて感じました。SNS は簡単に世界と繋がる手段となり、私の生徒にもある程度のモラルは守るよう伝えています。子ども達はもちろん、親御さんも軸はしっかりと持ってもらいたいと思います。さらには、本当の美しさとは何か、又、人同士のつながりは SNS 上ではなく、自分自身の経験でしか得られないと私は思っています。

本間：コロナ禍になり、多くの公演が中止や延期となった中、インターネットがあるおかげで、今まで高い航空券を買って観に行っていた海外のカンパニーの公演や国内の公演が自宅のパソコンからキーボードを数回押すだけで観れたり、より多くの人が鑑賞出来る可能性を広げ、芸術に関心を持ってもらえる機会になったのではないかと思います。ただ、そう便利な SNS が発達していく時代が及ぼす子供達への影響は指導していてとても気になることがあります。SNS では皆んな良い所だけを切り取り投稿するので、輝かしい世界に憧れて、その世界に飛び込んでみたいと思うものの、実際人生のハイライトのような部分だけを味わって過ごせないことがわかると、すぐ諦めてしまったり、沢山の情報量が溢れ、選べる環境にいると選り好みし、何か体験する前にこれは意味があるのか？　ないか？　と事前に判断してしまう傾向も感じます。若いダンサー達に対して指導中に求め続けていることはチャレンジし続けること、根

　　気力、継続し続ける力です。時間をかけ人と心を通わすことで
　　しか味わえない、見えない、感じられない、身につかない、人
　　生遠回りしないと辿り着けない想いがプロセスを経てあるとい
　　うこと。そういう個々の物語が踊って表現した時に表れますよ
　　ね。スクリーンの中で起こってることだけでなく、舞台に立つ
　　表現者として、自分自身が何に心が動き、突き動かされるのか、
　　同じ踊りでもこの人の踊りには何故心が動き、その魅力は何な
　　んだろうなどと着目し大切にしてもらいたい。なので指導する
　　時にも生徒達の心がイキイキする言葉がけを心がけています。

幅田：コロナ禍では、全世界の人々が苦しい状況でした。それらを
　　SNSを通して分かち合えたことは、子ども達の活力にもなっ
　　ていたように感じました。

MASAE：SNSはダンス業界でも欠かせないものとなりました。
　　SNSを見てレッスンにきました！という方も増えました。オ
　　ンラインレッスンができるようになったり、コンテストができ
　　るようになったりと、コロナ禍でさらにSNSの存在は大きく
　　なったように感じます。ただ、SNSだからこそのトラブルも
　　あります。簡単に動画をあげることができるし、意見を発信す
　　ることができる。私の生徒にはトラブルを未然に防ぐためにも、
　　動画に関しては指導者の許可を得るように指導しています。ま
　　た、人を不快にさせるようなことは書かない！と何度も繰り返
　　し強く指導しています。簡単に誰とでも繋がれる時代だからこ
　　そ、今まで以上にモラルのある行動をとってほしいと生徒たち
　　には伝えています。

　　簡単に情報が手に入る時代となり、指導者の立場としても様々な
可能性と危惧を感じ取ることができた。長い時間を共にする関係で

指導現場が成立することからも SNS の使い方、情報リテラシーは
指導者もよく学び、そして正しい使用方法を啓発していく必要があ
ると感じた。

8．今後の展望

　4名とも30代という共通点がある。出産や育児、さらには本職の
大学教員としての実務を経つつ、指導者としても活躍する彼女達は
これからも大きな活躍が期待される有望な指導者たちである。これ
までも十分な実績を残してきた指導者たちではあるが、今、女性指
導者として何を感じ、今後どのような展望があるのだろうか。

大出：私は今、教室を主宰しているので、そこでいわゆる経営と
　　　いうことをしています。もともと10代で教室をしたときに母
　　　に"お金のためにバレエを教えてはいけない"という大切なこ
　　　とを教わりました。それなら他でバイトをしなさいと言われて
　　　いました。今でも、絶対に大事だなと感じています。でも、実
　　　際はボランティアではないので、責任を持って生徒と向き合う
　　　以上は、そこに対して対価を支払っていただくということも理
　　　解しています。今指導を17年目ですが、当初3歳だった子が20
　　　歳になりました。私を信じて長く継続してくれた子たちが大人
　　　になって、それでも続けてくれていることがありがたくもあり
　　　ながら、教室の中でそれ以上、何を指導していけばいいのかと
　　　すごく悩んでいます。今ちょうど就活で悩んでいる生徒も、バ
　　　レエの先生になりたいとかバレエの何かに就きたいと言ってい
　　　る子もいます。自分のスタジオで指導者として雇うことは限界
　　　があります。でも、バレエはやめてほしくない。だから、一

緒にやっぱりやっていきたいと思ったり…そこを私はこれから
どういうふうにやっていったらいいんだろうというのがすごく
悩みです。私は自分の目の届く範囲の生徒数だけで自分の教室
運営をしたいので、その子たちの指導できる場をつくりたい
とは思っていません。長く縁が続くということはその子たち
の場もつくってあげなくちゃいけないのかなと思うこともあり
ますが・・・今本当に悩んでいて、どうしていこうかなと思っ
ているところです。若いころからスタジオを運営してきたので、
"指導者としてこうあるべき" と構えている時期もありました。
でも今は、女性としても指導者としても、母としても、すべて
同じ線上にあると感じることができました。変わらずに過ごし
てきて、なんと楽かと、今実感しています。

幅田：私は今まだ自分も踊りつつ、指導も研究もしつつといろいろ
活動しているのですが、全ての根本にはダンスの可能性を広げ
ていきたいというのがあります。スタジオなどで教えていると
きは単純にダンスが好きな子の力になりたいなという気持ちが
強いです。ダンスを好きな気持ちに対して何か手助けできたら
いいな、魅力をもっと伝えられたらいいなと。将来的にも長く
続けてほしいという想いはありますが、"今" 何を受け取って
もらえるかを大切にしています。コンクールのソロを振付する
時には、たとえ幼くても、その子なりの "踊る意味" を与えて
あげられる作品づくりを心がけています。勤務している大学に
おいては、今コロナでいろいろと大変で、目の前の課題を解決
していくことが必須の状況ですが、いつか指導している学生か
ら、ダンスの可能性や魅力を伝えられる子が1人でも出てくれ
たらいいなと思います。私自身のことを言うと社会的立場の変
化や働き盛りの年代に、ダンサーや女性としての肉体のリミッ

トが存在するように感じてしまうと、今は女性としては１番難しい時期なのかもしれません。私自身、色々悩みながらですが、今自分にできることを最大限やっていくしかないと考えています。ただ、メディアなどを見ていても、女性が働くことへの価値観は変容してきているように思います。実際のところは課題もまだ多いですが、今は過渡期だと思い、希望をもって将来を考えていきたいです。

本間：本当にスタジオを持たれている先生方を尊敬します。

ただ踊ることが好きではじめたところから、素晴らしいアーティスト達に巡り会い、いつの間にか抜け出せなくなりました（笑）。一人の振付家のすぐ側にいる身として自分の役割、自分にしか出来ないことは今後何か？　と考える日々です。

女性指導者として、という点からは外れてしまいますが、「世界共通の盆踊りを作りたい！」っと昔、徹先生が言われていたことがあります。当時から素敵な夢だなっと思っていましたが、その展望が今私の展望かもしれません。踊りを通して幸せになる人を増やす、手助けすることが出来たらと、ただただ思っています。

MASAE：2021年３月から自分で運営をスタートします。今一番上の生徒で28歳の子がいますが、その年まで私にずっとついてきてくれたので、私がその子に仕事を与えてあげたいなというのがあります。自分が代表となり、サークルを始めた理由の１つです。今回、私の立ち上げたサークルで、私以外に５人の先生にレッスンをして頂きます。１人は高校時代の同級生で、その他の４名は私の生徒達です。また、ストリートダンスは“楽しむ”ことを意識しているスタジオも多く、それがダンス人口増加にもつながったと思いますが、私自身は“ダンサーの育成”

に重きを置いていきたいです。だから、ダンスのコンテストとかで出していきたいし、コンテストで海外、世界大会に生徒を連れていきたいです。世界で通用するようなダンスを創り、ダンサーを指導することが目標です。最近は、メディアの効果もあり、ダンスやダンサーに対する世間の目は変わってきました。しかし、ストリートダンスに対するものは、未だ厳しいものがあります。だからこそ、自分の生徒達には、礼儀はもちろん、ダンスだけでなく、人として成長できるように心がけてレッスンを続けていきたいです。ダンス業界だけでなく、どこへ出しても恥ずかしくない様指導する事を心がけています。

今ダンスを習っている子の中で将来もダンサーとしやって行きたい！と思ってる子はほんの一握りだと思います。それぞれがそれぞれの道に進んだ時にダンスの中で学んだ事を活かしていけたら最高だなと思います。ダンスを辞めた時でもダンスをやっててよかったと実感できる様な瞬間があったら嬉しいです。あとは何より努力の先にある楽しいと言う気持ちを感じて、ダンスの楽しさに触れていけるように指導を続けたいです。個人としては、子どもが生まれ今までとは違う考え方が増えた気がします。ただやっぱりその考えや意見を理解してもらえない部分があるのも事実です。子どもが産まれても指導を続けて行きたい女性ダンサーも沢山いると思いますが、環境的に諦めなくてはいけない方も沢山いらっしゃると思います。少しでもそんな方達が続けていける様な環境が出来たらと思います。女性だから諦めなきゃいけないという環境が少しでもいい方向に向かう方法はないかな、と考える事が多いです。私は私なりにダンサーだろうと母になっても働きやすい環境を作っていきたいです。

　プロフェッショナルダンサーの指導や、振付をする立場の指導者はこれまでも沢山ピックアップされてきた。しかし、プロフェッショナルなダンサーを創りだす根底には、彼らを育てた優れた指導者がいることは忘れてはならない。今回、各ジャンルで実績のある女性指導者を一堂に会して対談をしたことは、前例はほとんどなく非常に稀な対談であった。ジャンルを超えて対談してみると、新しい発見や、共感できる部分などを共有することができた。このような機会を増やし、ジャンルを超えて横のつながりを大切にすることは若いダンサーたちのレベルアップにもつながり、日本のダンス文化を活性化させる一助となると感じた。今回快く対談を引き受けてくれた4名の指導者には改めて感謝の意を表する。そして引き続き彼女たちの活躍に注目し、今後もこのような機会を設けていきたい。

　さらに、新型コロナウイルス感染症拡大にともない、ダンス界も新たなスタンダードが生まれてくるだろう。ダンス指導の変容についても追っていき、全国のダンス指導者たちのつながりを構築していきたいと感じた。

VI. バスケットボール

（執筆責任者：小谷　究）

1．女性コーチにまつわるバスケットボールの歴史と現状

　バスケットボールは、1891年12月21日に、アメリカ・マサチューセッツ州スプリングフィールドの国際 YMCA トレーニングスクールにおいて、James Naismith によって創始された[1]。バスケットボールが創始された翌年の1892年には、女子による初めてのゲームも実施された[2]。その後、この競技はまず全米各地の YMCA を通して普及していき[3]、全米の高校や大学へと広がり、男子だけでなく女子も楽しめる競技として歓迎された。すると激しいプレーや危

写真1．Senda Berenson

写真2．女子ルールによるバスケットボールの様子

　険なプレーを防止するため、スミスカレッジの Senda Berenson ら
によってより安全に修正された女子ルールが作成された[4]。
　女子ルールでは、ディビジョンラインによってコートが3区分
され、各区分に3名のプレーヤーを配置し、各区分に配置された
プレーヤーは他の区分への移動が禁止された[5]。この時期に女子の
チームは女性コーチが指導すべきといった考えがあったのは興味深
い[6]。詳しくは水谷の論文を参照されたい[7]。
　バスケットボールの日本への最初の移入時期については、明治期
に遡って考えるのが妥当であろう。明治期に発行された新聞、雑誌、
校友会誌等によってバスケットボールが行われた事実を知ることが
できるからである。移入当初、日本で行われていたバスケットボー
ルは女子ルールによるものであった。日本に女子バスケットボール

が移入されたのは、1894年、梅花女学校校長を務めていた成瀬仁蔵の手による[8]。このように、競技移入当初のバスケットボールは女性によって実施された。

その後、日本では1913年に日本 YMCA 同盟の体育事業専門主事の派遣要請に応え、アメリカから Franklin H. Brown が来日したことを契機として、バスケットボールの本格的な伝播と定着、発展がはじまった[9]。このブラウンが日本における最初のバスケットボールのコーチであったとみられる。ブラウンは、1917年から1923年に発生した関東大震災まで東京 YMCA を指導した。ブラウンの指導した東京 YMCA は、1918年開催の YMCA 第1回体育部大会に優勝すると[10]、1921年開催の第1回全日本選手権大会から第2回大会、第3回大会と3連覇を成し遂げた[11]。また、東京 YMCA は1921年開催の第5回極東選手権競技大会と1923年開催の第6回大会に日本代表として出場した[12]。

さらに、大学においてもコーチが現れだす。立教大学では、1920年に外国人教授が初歩の指導を行い[13]、1923年から志賀直三、1927年から松崎一雄がコーチを務めた[14]。また、東京商科大学は、1924年頃に大日本体育協会の総務主事の薬師寺尊正を[15]、早稲田大学は1924年頃にブラウンをコーチとして招聘した[16]。

このように、日本では1917年頃にはバスケットボールのコーチが存在したが、コーチを有するチームは極僅かであったようだ。1925年に開催された第7回極東選手権競技大会に出場した日本チームにはコーチが帯同しておらず、日本チームの一員として大会に参加した髙見澤忠夫は、同大会の報告書においてコーチの必要性を訴えている[17]。また、1927年に早稲田大学のキャプテンとしてアメリカ遠征に参加した富田毅郎は「私が非常に強く感じたのは、日本の技術はみんな苦心して本を読んだり、戦法を考えたりしてコートに出し

たものですが、米国では専属のコーチがいて、戦法を一つ一つ指導するんです。これをみて、ほんとうにうらやましかった」[18]と回顧しており、1928年発行のスポーツ雑誌『ATHLETICS』には「我々はなまじ23（2, 3—引用者注）の書物でセオリーを少しかぢつでゐても、これを本當に實際に通用することが出來てないと思ひます。それはコーチのない弱みもある」[19]との記述も見られる。このように、1920年代までの日本においてコーチを有するチームはまれであった。

　1920年代までの日本においてコーチを有するチームは極僅かであったことから、この頃までの雑誌に掲載されたゲームの戦評にはコーチに関する記述は見られない。しかし、1930年代に入るとコーチやベンチの対応に関する記述がみられるようになる[20]。さらに、1932年発行のバスケットボール雑誌『籠球』では「東京ティームを関西ティームに比して特に目立つのは各校夫々組織だつたシステムがある事である。之は各校に専属のコーチがあるからとも云ひ得るのである」[21]との記述が見られる。このように、日本では1930年代以降にコーチを有するチームが増加したものとみられる。しかし、コーチに関する記述には男性が名を連ねており、1930年代の日本では女性のコーチが少数、もしくは存在していなかったとみられる。

　こうした女性コーチが少ない状況は今日においても同様である。日本バスケットボール協会は、バスケットボールでは女子・女性競技者数が多いにも関わらず、女性コーチが少ない状況にあるとし、2019年に女性コーチカンファレンスを初開催した。このように、日本ではバスケットボールの移入以降、現在に至るまで女性コーチが少ないという状況が続いている。

２．波多野氏がバスケットボールの指導を始めるまで

　日本バスケットボール協会が2019年に開催した女性コーチカンファレンスの目的は、女性コーチのロールモデルと出会う、女性コーチが直面する課題を共有する、様々な女性コーチと出会うことであった。本稿でも、女性コーチのロールモデルと出会う、女性コーチが直面する課題を共有することを目的として一人の女性コーチを紹介する。本稿でロールモデルとして紹介する女性コーチは、波多野五月氏である。現在、波多野氏は元Ｂリーガーである夫が代表を務めるバスケットボールスクールのコーチを務めている。また、15歳以下のプレーヤーで構成されるU15チームのコーチも兼任している。波多野氏は静岡県で生まれ、小学４年からバスケットボールを始めた。市立沼津高校では３年連続でインターハイに出場し、専修大学では関東女子大学１部リーグにおいて敢闘賞や得点王などの輝かしい成績を収めた。大学卒業後、トップカテゴリーであるWJBLのJALラビッツに入団し、2005－2006年シーズンまでプレーした。波多野氏は、現役引退後、専修大学の後輩にあたる和也氏と結婚した。和也氏は、当時、bjリーグに所属していた大阪エベッサでプロバスケットボールプレーヤーとして活躍していた。結婚後、大阪で生活を始めた波多野氏は、もともと興味をもっていた介護の職に就いた。2007年には長女を出産し、２年後の2009年には長男を授かった。介護の職に就いたもののすぐに出産となり、長く仕事を続けることができなかった。長男の出産後、和也氏の埼玉ブロンコスへの移籍が決まり、埼玉県へと移住し、2010年には次女を出産した。2011年の東日本大震災により埼玉ブロンコスの活動が中断し、波多野氏は地元である静岡に戻った。和也氏は、その年のうちに滋賀レイクスターズへの入団が決まり、滋賀県へと移住した。

写真3．波多野氏ファミリー

　2012年には三女を出産し、出産後、和也氏の大分ヒートデビルズへの移籍により、大分県へと移住したが、移籍後4ヶ月でチームが経営破綻した。チームが経営破綻したものの、すぐに和也氏の島根スサノオマジックへの入団が決定し、今度は島根県へと移住した。波多野氏は島根県にてネイリストの資格を取得し、子育ての合間を見てネイルサロンで働いた。2014年には和也氏の大分ヒートデビルズへの移籍により、再び大分県に移った。大分県へ移住後、2014年には次男を出産し、娘3人、息子2人の5人の子を抱える母となった。
　2015年には和也氏の滋賀レイクスターズへの移籍により、再び滋賀県に移った。詳細は後述するが、波多野氏は再び生活をすることになった滋賀県で子供達にバスケットボールの指導を始めた。ここまでが、波多野氏が指導を始めるまでの略歴であるが、引越しの回数を数えただけでもプロバスケットボールプレーヤーの妻が大変であることが理解できる。波多野氏は2度目の滋賀県への移住後も沖

表 1. 波多野氏の引退後の略歴

2006	現役引退
2006	大阪へ移住
2006	和也氏と結婚
2007	長女（第 1 子）出産
2009	長男（第 2 子）出産
2009	埼玉へ移住
2010	次女（第 3 子）出産
2011	静岡へ移住
2011	滋賀へ移住
2012	三女（第 4 子）出産
2012	大分へ移住
2012	島根へ移住
2014	大分へ移住
2014	次男（第 5 子）出産
2015	滋賀へ移住
2015	小学生にバスケットボール指導
2016	沖縄へ移住
2017	島根へ移住
2017	小・中学生にバスケットボール指導
2018	福岡へ移住
2019	静岡へ移住
2019	バスケットボールスクール立ち上げ

縄県、島根県、福岡県、現在の静岡県へと住まいを移した。さらに、5 人の子育てが容易ではないことも想像に難しくない。波多野氏は競技経験が豊富ではあるもののコーチをする環境が整っているとは言い難く、むしろ標準世帯とされる夫婦 2 人、子供 2 人の家族構成の女性よりも、コーチをするのが難しい環境にあったと言える。

3．子供達への指導を通して変化したバスケットボールの捉え方

　2015 年に滋賀県に引っ越した後、波多野氏は小学 1 年の長男にバスケットボールをさせたいと考え、自身で体育館を借りて息子とバスケットボールを始めた。とはいっても、体が小さく、筋力も少ない長男と始めたバスケットボールは、バスケットボールというよりもボール遊びといった類のものであった。この時、長女は小学 2 年であり、この年齢における 1 年の成長差は大きく、長男よりも長女の方が頭上高くに設置されたゴールにボールを投げ入れるバスケットボールをするには適していた。しかし、波多野氏は長女にバスケットボールをさせたいとは考えなかった。波多野氏は、自身を指導したコーチへの感謝を示したうえで、自身の競技人生を振り返ると、いわゆる "やらされるバスケットボール" を行ってきたという。そのため、バスケットボールを始めた頃に感じていたプレーすることの楽しさが薄れていた。さらに、高校や大学、アンダーカテゴリーの日本代表、WJBL と競技レベルが上がるにつれて熾烈になるポジション争い、それに伴う挫折や苦悩を経験した。波多野氏にとって、これらの経験はネガティブなものであり、バスケットボールをすることで起こり得る辛い思いを女の子である長女にはさせたくないと当時は考えていた。一方、男の子は様々な困難を乗り越えることで成長すべきであると考えており、長男にはバスケットボールに触れる機会を設けた。

　バスケットボールには小学生がプレーするミニバスケットボールがある。ミニバスケットボールではゴールが通常よりも低く設置されており、使用するボールのサイズは小さく、重量も軽い。さらに、競技時間が短く設定されており、身体が小さく、筋力の少ない

小学生でも楽しめるように設計されている。日本では各地にミニバスケットボールのチームがあり、野球で言えば少年野球、サッカーで言うと少年サッカーのような存在となっている。しかし、波多野氏が移住した滋賀県の地域にはミニバスケットボールの女子チームは組織されていたものの、男子チームは結成されていなかった。波多野氏は長男をミニバスケットボールのチームに所属させたいと考えていたが、チームが結成されていなかったため、自身で体育館を借りて、週に1度、主に和也氏の練習が休みの日に長男とバスケットボールを始めた。この時は、和也氏も一緒にプレーしたり、幼い子供の世話をしたりした。波多野氏が長男とバスケットボールを始めると、それを聞きつけた小学生の子を持つ母親から、子供を一緒に混ぜて欲しいとの依頼を受け、波多野氏は息子以外の子供にもバスケットボールを指導する機会を得た。体育館の借用料がかかることから参加者からはワンコインを徴収した。波多野氏のバスケットボールは口づてに広がり、参加者は20名ほどにまで増加した。地域にミニバスケットボールの男子チームがなかったため、参加者の多くは男子であった。ただし、ミニバスケットボールの女子チームに所属したもののチームと合わず、プレーする場を失った女子の参加者もいた。このように、波多野氏が息子と始めたバスケットボールの場は、ミニバスケットボールのチームでプレーできない小学生の受け皿となった。

　波多野氏は息子と始めたバスケットボールの場において、参加者にバスケットボールを楽しんでもらうことを目的として指導にあたった。楽しそうにバスケットボールをする子供達を見るのが嬉しくて仕方なかった。この時期、波多野氏のなかでバスケットボールに対する捉え方に変化があった。バスケットボールをプレーする楽しさを忘れかけていた波多野氏は、楽しそうにプレーする子供達を

見て、"バスケットボールは楽しい"と認識するようになっていった。バスケットボールが、ただ単に辛く、苦しいものではなく、楽しいものであれば、長女にバスケットボールをさせない理由はない。波多野氏は、長女にもバスケットボールに触れる機会を設けるようになった。

　このように波多野氏は、息子とのバスケットボールをきっかけとして指導を始め、子供達への指導を通してバスケットボールに対する捉え方が大きく変化した。

４．バスケットボールのコーチを可能にした環境

　和也氏は2016年に琉球ゴールデンキングスに移籍し、滋賀県から沖縄県へと移住した。沖縄県では、男女ともに地域にミニバスケットボールのチームが存在したため、波多野氏の子供達も地域のチームに所属した。波多野氏は沖縄県で触れたバスケットボールに衝撃を受けたという。ミニバスケットボールでは、カッコつけたプレーや雑なプレーとして扱われがちな[22]、ビハインド・ザ・バックパス[23]やレッグスルー[24]などに沖縄県の子供達は果敢にチャレンジした。その背景には、チャレンジしたプレーがミスに終わったとしても怒られない、安全な環境が保たれていることがあるだろう。チャレンジ精神旺盛なミニバスケットボールの子供達は、波多野氏がトップリーグでプレーしていたことを知ると、練習見学に来た波多野氏を捕まえて、毎回1on1を挑んできた。また、波多野氏が移住した地域にはバスケットボールのアウトドアコートが設置されていることで有名なアラハビーチがあり、ミニバスケットボールの練習を終えた子供達は、再びアラハビーチに集まってバスケットボールに明け暮れた。波多野氏は、純粋にバスケットボールを楽しみ、より上手

くなるためにチャレンジする子供達の様子を見て、自分はバスケットボールが好きであるという感情に気付いたという。

　和也氏は2017年に再び島根スサノオマジックに移籍し、島根県へと移住した。波多野氏の子供達は島根県でもミニバスケットボールのチームに所属することができた。島根県は２度目の地であったため、波多野氏には以前の知り合いがいた。この知り合いの依頼により、月に１、２回の頻度で小学生を対象としたワンコインのバスケットボール教室を始めた。しかし、気になるのが波多野氏の幼い子供達の世話である。ここで波多野氏の子供達の世話を買って出たのは、波多野氏に自身の子供の指導を依頼した母親達であった。母親達は、自身の子供が楽しくバスケットボールができる環境を求めていたため、波多野氏が指導できように波多野氏の子供達の世話を率先して引き受けた。このように、波多野氏のバスケットボールの指導を可能にした背景には、参加者の保護者によるサポートがあった。波多野氏がバスケットボール教室を始めると、この活動を知ってか、ミニバスケットボールを引退した６年生の男子の保護者達から波多野氏に指導の依頼があった。引退した６年生は、中学の部活動に入部するまでの期間、プレーする機会を失っていた。そこで、６年生の保護者達は波多野氏に指導を依頼したのである。波多野氏は引退した６年生の指導を無料で引き受けた。しかし、ミニバスケットボールの大会は残されていないため、３人制のバスケットボール“３×３”の大会を目標に指導を開始した。６年生への指導は、バスケットボールを楽しんでもらうことに加えて、より競技力向上に焦点を当てた。ここでも、波多野氏の指導中は、波多野氏の幼い子供達を６年生の保護者達が世話した。波多野氏の指導のもと、６年生は３×３の12歳以下のカテゴリーにおいて優勝を果たした。

　６年生を指導する時間の前には、同体育館において波多野氏の娘

が所属する女子チームの練習が行われていた。波多野氏は、徐々に
女子チームの指導にも携わるようになっていった。波多野氏が女子
チームを指導している間は、女子チームに所属する子供の保護者達
が波多野氏の幼い子供達の世話をした。保護者達は波多野氏の子供
達の世話をしてもなお、波多野氏の指導に感謝した。

　さて、波多野氏が携わったミニバスケットボールのチームには、
波多野氏とは別にコーチがいた。このコーチは、波多野氏の指導力
を買っていた。そして、ミニバスケットボールの小学生が進学する
地域の中学校のコーチとして波多野氏を推薦した。この中学校では、
プレーヤーとコーチとの馬が合わず、コーチが度々交代し、波多野氏
が推薦された時期はコーチが不在の状態であった。推薦を受けた中学
校は、すぐに波多野氏にコーチへの就任を依頼した。波多野氏は、和
也氏の移籍の可能性があったため、4ヶ月限定でコーチの依頼を引き
受けた。しかし、中学生を指導するにあたってはミニバスケットボー
ルとは異なる課題があった。ミニバスケットボールでは、少年野球や
少年サッカーなどにも見られる保護者の当番制度がある。良し悪しは
別として、日本の小学生のスポーツチームでは、コーチの送迎やお
茶だしなどを当番制で保護者が担当する文化が存在する。さらに、
ミニバスケットボールでは当番に割り当てられていなくても子供達
の練習を見学する保護者が多い。こうした保護者が波多野氏の幼い
子供達の世話をすることで、ミニバスケットボールでの波多野氏の
指導を可能にしていた。一方、中学校の部活となるとこうした保護
者は存在しない。和也氏からの協力を得られることもあったが、プ
ロバスケットボールプレーヤーである和也氏は、遠征等で長い時に
は2週間も帰宅しないこともあり、継続的な協力は期待できなかっ
た。そこで、波多野氏は中学校の指導の時間は、ミニバスケット
ボールの保護者仲間などのいわゆるママ友に子供達を預けた。しか

も、毎回、同じママ友に子供達を預けたわけではない。時には、ママ友が波多野氏の子供達を保育園に迎えに行くこともあった。この時期までに、波多野氏はママ友同士の深い関係性を築いており、多くのママ友が波多野氏に協力した。もちろん、ママ友の都合もあり、子供達を預けることを断られることもあったが、必ず誰かしらの協力を得ることができた。このように、5人の子を抱える波多野氏のコーチ環境には、いわゆるママ友といった協力者が存在していた。

5．スクールでの指導を可能にした両親によるサポート

　中学校での4ヶ月限定の指導を終えた波多野氏は、和也氏のライジングゼファー福岡への移籍にともない福岡県へと移住した。その後、和也氏は2019年に現役を引退し、波多野氏は地元静岡県へと戻った。静岡県に戻った波多野氏は夫婦でバスケットボールスクールを立ち上げ、地域の子供達を対象に指導を始めた。また、15歳以下のプレーヤーによる U15チームも組織した。波多野氏はスクールや U15チームの指導において、子供達への問いかけを多用しているという。それは、コーチの問いかけによるプレーヤーからのアウトプットを重要視しているからである。チームでプレーするバスケットボールにおいて、自身の考えをアウトプットすることはチームパフォーマンスの向上に繋がることはもちろん、子供達が将来、どのような職業に就いたとしても自身の考えをアウトプットする能力が必要となるからである。また、波多野氏の U15チームでは、厳格な優先順位を設定していることも興味深い。第1に家族を大切にすること、第2に学業に励むこと、第3にバスケットボールを楽しむことである。波多野氏の U15チームでは、学業がバスケットボールよりも優先されるため、学業成績が振るわないとチーム練習

に加わることができないというルールが存在する。ただし、子供に
よって学力が異なるので、各家庭で親子の話し合いをもち、それぞ
れの学業目標を設定している。目標が達成されなかった場合、1
週間、チーム練習に加わることができない。チームのルールでは1
週間が経過した時点でチーム練習に加わることが認められているが、
学習状況の改善が見られないと保護者が判断した場合には、学習状
況の改善が見られるまでチーム練習への合流は認められない。波多
野氏は、バスケットボールでのパフォーマンス向上のみならず、子
供達の将来に繋がる指導を心がけている。

　波多野氏は、現在、月曜日から土曜日までバスケットボールの
指導にあたっている（表2）。指導対象は未就学児及び小・中学生
であるため、参加者は月曜から金曜日まで幼稚園や学校に通ってい
る。つまり、バスケットボールスクールやU15チームの練習は夕
方以降に組まれる。夕方以降の時間帯は、波多野氏の子供達も幼稚
園や学校から帰宅している。現在では、子供達も成長し、スクール
やU15チームの練習にプレーヤーとして参加している。また、体
育館に連れていったとしても世話をする必要がなくなっている。し
かし、木曜日に実施している委託スクールには、子供達を連れてい
くことができない。また、現在は和也氏と同じように波多野氏もバ
スケットボールを指導して共に生計を立てているため、子供を世話
する人が見つからないという理由で指導を休むこともできない。委
託スクールでの波多野氏の指導を可能にしているのは、近くに住む
波多野氏の両親による協力である。委託スクールがある木曜日には
波多野氏の両親が家に来て子供達の世話を担っている。このように、
静岡県での委託スクールにおける波多野氏のコーチ環境には、両親
という協力者の存在がある。

表2．波多野氏の指導スケジュール

月曜日	スクール　初心者（小学1〜6年）クラス・経験者（小学4〜6年生）クラス担当
火曜日	U15
水曜日	スクール　幼稚園クラス・初心者（小学1〜3年）クラス（2クラス）担当
木曜日	委託スクール　初心者クラス担当
金曜日	U15
土曜日	U15

写真4．スクールの様子

6．子供を抱える女性がコーチをするためのアクション

　波多野氏のこれまでのコーチ環境から見てとれるように、波多野氏の周りには必ず子供の世話を担う協力者が存在している。島根県では指導している子供達の保護者やママ友、静岡県では両親であ

る。ここで男性コーチについて着目すると、男性コーチのなかにも
子供を抱える者が存在する。男性コーチが指導している時間に、子
供の世話をしているのは、主に男性コーチの妻であろう。このよう
に、子供を抱えるコーチの場合、男性であっても子供の世話を担う
協力者が必要となる。しかし、男性コーチの場合は主に妻が協力者
となるが、女性コーチが夫からの協力を得られるのはまれなようだ。
こうした状況は徐々に変わってきているが、現時点においては、今
なお子供の世話は母親が担うことが多い。したがって、子供を抱え
る女性がコーチになるためには、夫以外の協力者を得ることが必要
となる。波多野氏の協力者において注目すべきは、ママ友であろう。
波多野氏の両親にとっては、自身の孫の世話をすることになるため、
比較的協力を得やすいだろう。また、島根県での小学生の指導では、
波多野氏の子供の世話をすることで自身の子供達がバスケットボー
ルの指導を受けることが可能になるため、保護者からの協力を得や
すいことが考えられる。一方、島根県で中学生を指導している時間
帯に、波多野氏の子供達を預かったママ友には、自身の子供が指
導を受けられるといったメリットはない。それでも、波多野氏の子
供達を預かった。波多野氏のママ友は、何かしらの見返りを求めて
いるのではなく、単純に波多野氏に協力したかったのだろう。また、
波多野氏は協力してくれるママ友との関係性を中学校での指導を始
めるまでに築けていたとも言える。波多野氏は、コーチをするうえ
で女性であることによる障壁はないと語る。実際には、波多野氏も
子供の世話を母親が担わなければならないという課題を抱えていた。
しかし、波多野氏はこれを課題としては捉えていなかった。コーチ
をしようとすれば必ず誰かが協力してくれると語る。筆者には、波
多野氏の「大丈夫。人生捨てたものじゃない。絶対に誰かしら助け
てくれる」という言葉が印象的である。協力者がいるからコーチを

写真５．スクールの様子

始めるのではなく、コーチを始めれば誰かしらが協力してくれるというのだ。子供を抱える女性がコーチをする際には、はじめから夫の協力を得られることに越したことはないが、そうでない場合でも、まずコーチを始めてしまうというアクションが重要なのかもしれない。ただし、コーチを始める前に環境を整えたい場合は、友達作りが重要であると波多野氏はいう。困った時に助けてくれる友達が周りにいれば、コーチをしている時間だけ子供を預かってもらうことができる。こうした意味において、人に甘えることができることも、

子供を抱える女性がコーチをするにあたって求められる能力になる。いずれにしても、現時点において子供を抱える女性がコーチを始めるには、実際にコーチを始めてしまう、もしくは周囲との関係づくりといったアクションを起こすことが重要になるといえよう。

【注及び引用・参考文献】

1 ）水谷豊（1980）バスケットボールの歴史に関する一考察（Ⅵ）―James Naismith とオリンピック・ベルリン大会―．青山学院大学一般教育学部会論集，（18）: 145.

2 ）水谷豊（1977）バスケットボールの歴史に関する一考察（Ⅲ）草創期の女子バスケットボールについて．東京体育学研究，（3）: 6-9.

3 ）J・ネイスミス著，水谷豊訳（1980）バスケットボール　その起源と発展．日本 YMCA 同盟出版，p.153.

4 ）輿水はる海（1976）女子バスケットボールの史的考察（1）．東京体育学研究，（3）: 8-9.

5 ）水谷豊（1979）バスケットボールの歴史に関する一考察（Ⅴ）: Senda Berenson と女子バスケットボール．論集，（20）: 163.

6 ）Warner, E. L（1906）Inter-School Athletics. American Physical Education Review，11: 184.

7 ）水谷豊（1979）バスケットボールの歴史に関する一考察（Ⅴ）: Senda Berenson と女子バスケットボール．論集，（20）: 159-168.

8 ）輿水はる海（1976）女子バスケットボールの史的考察（1）．東京体育学研究，（3）: 6-9.

9 ）日本バスケットボール協会広報部会編（1981）バスケットボールの歩み．日本バスケットボール協会，pp.43-45.

10）日本バスケットボール協会広報部会編（1981）バスケットボールの歩み．日本バスケットボール協会，p.613.

11）このことに関連する史料として、以下のものがあげられる。
　　・荒木直範（1922）バスケットバレーボール大会印象記．ATHLETICS，1（5）: 35-37.
　　・西村正次（1923）バスケットボール代表権は東京青年会組に帰す．ATHLETICS，2（4）: 132-139.
　　・日本バスケットボール協会広報部会編（1981）バスケットボールの歩み．日本バスケットボール協会，p.614.

12）このことに関連する史料として、以下のものがあげられる。
　　・鈴木兼吉（1921）運動年鑑，大正10年度: 403.

・鈴木兼吉（1923）運動年鑑，大正12年度：277-278.

13）佐々木権三郎（1931）其頃の籠球，山田和夫編，籠球．立教大学籠球部，p.5.

14）立教大学バスケットボール部編（1985）立教大学バスケットボール部創部60年記念誌．立教大学バスケットボール部，p.260.

15）このことに関する史料としては以下のものがあげられる．
・田中寛次郎（1931）我籠球部の生ひ立・商大の巻．ATHLETICS，9（1）：136.
・植田義己，妹尾堅吉，富田毅郎，小林豊，七海久，野村瞳，渡辺直吉（1981）座談会 協会設立以前のバスケットボール，日本バスケットボール協会広報部会編，バスケットボールの歩み．日本バスケットボール協会，p.56.

16）このことに関連する史料として、以下のものがあげられる．
・牧山圭秀（1983）技術の変遷，早稲田大学 RDR 倶楽部編、RDR60早稲田大学バスケットボール部60年史．早稲田大学 RDR 倶楽部，p.245.
・早稲田大学 RDR 倶楽部編（1983）RDR60早稲田大学バスケットボール部60年史．早稲田大学 RDR 倶楽部，p.13.

17）高見澤忠夫（1925）ゲーム精神と技術上の欠陥＝極東大会バスケット，ボオルに就て＝，大日本体育協会編，第7回極東選手権競技大会報告書．大日本体育協会，pp.249-250.

18）富田毅郎他（1981）座談会 協会設立のバスケットボール，日本バスケットボール協会広報部会編，バスケットボールの歩み．日本バスケットボール協会，p.78.

19）李想白（1928）米国遠征記（第2信の下）―対加州大学戦―．ATHLETICS，6（4）：87.

20）このことに関連する史料として以下のものがあげられる．
・三橋誠（1931）全国高等学校バスケットボール大会．籠球，（2）：80-81.
・松本史郎（1932）個人よりみたるリーグ戦．籠球，（3）：29.
・三ツ本常彦（1932）関西学生連盟リーグ戦雑感．籠球，（3）：32.
・浅野延秋他（1932）第6回明治神宮体育大会バスケットボール競技座談会．籠球，（3）：57.
・鈴木東平（1932）第11回全日本男子総合選手権大会．籠球，（3）：75.
・児島忠太郎（1932）東海籠球協会設立記念第2回大会(1) 男子部の記録と其印象の二三．籠球，（4）：75.

21）関学籠球部（1932）早大対関学定期戦．籠球，（5）：52.

22）小谷究（2019）バスケセンスが身に付く88の発想．東邦出版，p.22-48.

23）ビハインド・ザ・バックパスとは「ボールが腰の後ろを通るパス」（小野秀二・小谷究（2017）バスケットボール用語事典．廣済堂出版，p.151）と

　される。
24）レッグスルーとは「ボールが両足の間を通るドリブルチェンジ」（小野秀
　　二・小谷究（2017）バスケットボール用語事典. 廣済堂出版，p.212）とさ
　　れる。

Ⅶ．バレーボール

1．トップチームにおける女性コーチの現状

　2021年現在、女子バレーボール世界ランキング10位以内の各国代表チームにおける女性監督は、ランキング1位の中国を率いる郎平氏と、ランキング7位の日本を率いる中田久美氏のみである。女子日本代表における女性監督は、1982年アジア大会で監督を務めた生沼スミエ氏以来2人目だ（これまでに女子日本代表の男性監督は22人）。国内1部リーグである V.LEAGUE DIVISION1 WOMEN には12チームが出場しており、そのうち JT マーヴェラスの監督を吉原知子氏が、日立リヴァーレの監督を多治見麻子氏が務めている。なお、2020年に退任したが、竹下佳江氏は姫路ヴィクトリーナの初代監督を4年間務め、チーム発足後わずか3年間で国内1部リーグまで牽引した。また、西畑美希氏の率いる就実高校が2021年の全日本高等学校選手権大会（通称：春高バレー）を制したことは記憶に新しい。中田氏をはじめ、吉原氏、多治見氏、竹下氏、西畑氏はいずれも元Vリーガーであるが、セカンドキャリアとして監督に就任したのは、ここ10年以内の出来事であり、日本のバレーボール界において女性指導者が増えてきていることが伺える。本稿を執筆するにあたり、躍進を続ける JT マーヴェラスで指揮を執る吉原氏に話を伺った。

２．選手時代の吉原氏

　吉原知子（よしはらともこ）氏は北海道の妹背牛町（もせうしちょう）に生まれ、中学１年生からバレーボールを始めた。当時、吉原氏が在籍していた妹背牛中学校のバレーボール部は北海道の中で最も強く、そのようなチームで自分がどこまでできるのか挑戦してみたかったからバレーボールを選んだのだという。その後、吉原氏は同じく地元の強豪校である妹背牛商業高校に進学し、３年次には日本代表に選出された。「そんなに上手くはなかったのになぜかチャンスをいただけたんです」と吉原氏は謙遜する。

　高校卒業後、吉原氏は国内１部リーグの強豪「日立」に入団し、圧倒的な戦績を残した（表１）。また、同時期にはバルセロナ五輪をはじめ、多くの国際大会で活躍した。1995年には、チームメイトの大林素子氏と共に、日本人バレーボール選手で初めて海外へ移籍し、日本人初のプロバレーボール選手となった。名誉なことに聞こえるが、吉原氏は行きたくて行った訳ではないという。1993年にJリーグが開幕し、その翌年にはバレーボールのプロ化構想が掲げられた。吉原氏や大林氏をはじめ日立の選手たちはプロ化を望んだが、企業側と意見が対立して実現しなかった。それどころか、その騒動に起因して、チームの中心選手だった吉原氏と主将だった大林氏は日立を解雇され、日本ではバレーボールを継続できない状態となってしまった。「周りの協力もあってイタリアでプロとしてやってみないかという話をいただいて、海外へ行くことになったんです。大林さんは行くと即答しましたが、私はもうバレー辞めてやるっていうぐらいの感じでした。でも、語学が好きだったので語学勉強でいいかなって、最初はそれくらいの気持ちでイタリアに行きました」。最初の約１ヶ月間、吉原氏と大林氏は同じチームに所属

表１．選手としての経歴（所属チームと戦績）

1988年4月〜 日立ベルフィーユ	1988年 第37回黒鷲旗全日本選手権：優勝 1988-89年 第22回日本リーグ：優勝 1989年 第38回黒鷲旗全日本選手権：準優勝 1989-90年 第23回日本リーグ：4位 1990年 第39回黒鷲旗全日本選手権：3位 1990-91年 第24回日本リーグ：優勝 1991年 第40回黒鷲旗全日本選手権：3位 1991-92年 第25回日本リーグ：優勝 1992年 第41回黒鷲旗全日本選手権：3位 1992-93年 第26回日本リーグ：優勝 1993年 第42回黒鷲旗全日本選手権：優勝 1993-94年 第27回日本リーグ：優勝 1994年 第43回黒鷲旗全日本選手権：優勝	【日本代表として】 1990年 世界選手権 　中国大会：8位 1991年 ワールドカップ 　日本大会：7位 1992年 オリンピック 　バルセロナ大会：5位 1993年 ワールドグランド 　チャンピオンズカップ 　日本大会：4位 1994年 世界選手権 　ブラジル大会：7位
1995年1月〜 Brummel Marchionni Ancona （アンコーナ）	1994-95年 Serie A1 ※Serie A1はイタリア1部リーグ。 ※大林素子氏と共に日本人バレーボール選 　手初の海外移籍。同時に日本人初のプロ 　バレーボール選手となる。	
1995年2月〜 Fincres Roma （ローマ）	1994-95年 Serie A1：3位 ※先発メンバーとして貢献。その後、アト 　ランタ五輪の出場資格を得るために日本 　へ帰国。	
1995年6月〜 ダイエーオレンジア タッカーズ （1995-99年 主将）	1995-96年 第2回Vリーグ：4位 1996年 第45回黒鷲旗全日本選手権：優勝 1996-97年 第3回Vリーグ：6位 1997年 第46回黒鷲旗全日本選手権：準優勝 1997-98年 第4回Vリーグ：優勝 1998年 第47回黒鷲旗全日本選手権：優勝 1998-99年 第5回Vリーグ：5位 1999年 第48回黒鷲旗全日本選手権：優勝 ※1994年に日本リーグを前身とするVリー 　グが開幕した。	1995年 ワールドカップ 　日本大会：6位 1996年 オリンピック 　アトランタ大会：9位
1999年6月〜 東洋紡オーキス	1999-2000年 第6回Vリーグ：準優勝 2000年 第49回黒鷲旗全日本選手権：4位 2000-01年 第7回Vリーグ：優勝 2001年 第50回黒鷲旗全日本選手権：準優勝 2001-02年 第8回Vリーグ：6位 2002年 第51回黒鷲旗全日本選手権：3位	
2002年8月〜 パイオニアレッドウィ ングス （2006年5月現役引退）	2002-03年 第9回Vリーグ：5位 2003年 第52回黒鷲旗全日本選手権：優勝 2003-04年 第10回Vリーグ：優勝 2004年 第53回黒鷲旗全日本選手権：5位 2004-05年 第11回Vリーグ：準優勝 2005年 第54回黒鷲旗全日本選手権：優勝 2005-06年 第12回Vリーグ：優勝 2006年 第55回黒鷲旗全日本選手権：5位	2003年 ワールドカップ 　日本大会：5位 2004年 オリンピック 　アテネ大会：5位 （2003-04年 日本代表主将）

し、通訳が付いていた。その後、吉原氏は移籍することとなり、通訳は大林氏のチームに残ったため、吉原氏は通訳なしでの活動を余儀なくされた。「そこから苦労はしましたけど、非常に良い環境というか、チームメイトが色々教えてくれて、語学の習得は結構早い方だったかなと思います」と振り返る。さらに、イタリアでの経験から次のように語っている。「例えば、あなた何色が好き？と数人に聞いたとき『私は青が好き』と誰かが答えたとして、その隣の人も同じ考えを持っていたら『○○さんと同じ』みたいな答え方が日本では多いと思うんですよ。だけど、海外ではそれがまずダメというか『（○○さんと同じで）私も青が好き』というような発言をしないと、自分の意見を主張したことにはならないんです。そして、立場や年齢が上だろうが下だろうが、自分の意志を伝えることが生意気でも何でもない当たり前のことだったんです」。それまで当時の日本における非常に厳しい上下関係の中で、自分からは意見できない状況を日常的に経験してきた吉原氏にとって、イタリアで触れた価値観は後の人生に大きな影響を与えたという。

　イタリアリーグのシーズン終了後、吉原氏はアトランタオリンピックの出場資格を得るため帰国し、ダイエーオレンジアタッカーズに入団した（当時の規定では、国内リーグに所属する選手のみに出場資格が認められていた）。アトランタオリンピックでの女子日本代表は９位と低迷し、日本バレーボール協会は次の代表選考に年齢制限を設けることを決定した。それはすなわち、吉原氏が日本代表から外れることを意味した。努力ではどうすることもできない年齢という壁を突き付けられた吉原氏は、それなら所属チームで活躍しようと奮起した。ダイエーオレンジアタッカーズは国内１部リーグや全日本選手権で優勝し、さらに吉原氏はMVPをはじめとする数々の個人賞を獲得した。それだけ実力を示しても、日本代表に召集され

ることはなかった。「別に日本代表として試合に出られないからとかではなかったんですが、もう2回オリンピックに行ったし、そろそろ引退してもいいかなという思いで監督に辞めますと言ったんです」。ここでの監督とは、当時のダイエーオレンジアタッカーズを率いていたアリー・セリンジャー氏のことである。セリンジャー氏は、1984年のロサンゼルスオリンピックで女子アメリカ代表の監督を、1992年のバルセロナオリンピックでは男子オランダ代表の監督を務め、いずれも銀メダルに導いた名将である。「なぜ日本人はすぐに辞める辞めると言うんだ。周りはどう見ているか分からないが、あなたは今、プレイヤーとして一番良い時期だ。自分の頭でイメージしていることと体の動きがマッチしていて、それに心もついていて、心身が最も一体化している状態だ。なのに、なぜ辞めるというんだ。年齢がなんだ。年齢年齢と言われるなら、あなたが証明したらいいじゃないか。それに、今は控えの選手が、あなたが辞めてそのポジションに入るのと、あなたを超えるために血のにじむような努力をして入るのでは全く違う。あなたが辞めるときというのは、あなたが下の子に抜かれたときなのではないか。それまでは、下の子の『盾』にならなければいけない。それも上としての役割なのではないか」。吉原氏は、現役時代に多くの監督やコーチから指導を受けているが、このセリンジャー氏の言葉を最も印象的に覚えているという。説得を受けた吉原氏は「辞めるのは今ではない。だったら、とことんやってやる」と決意した。そして、2003年には7年ぶりに日本代表へ招集された。女子日本代表は2000年シドニーオリンピックへの出場権を逃しており、勝つために何をすればよいのかが分からなくなっていた。主将に任命された吉原氏は、自ら行動で示してチームの意識を変えることに全力を注ぎ、アテネオリンピック出場に貢献した。抜群のリーダーシップと溢れ出る気迫から、吉原

氏は「闘将」と評された。

　2006年に引退するまで、吉原氏は国内で所属した4チームすべて
でリーグ優勝を達成し、「優勝請負人」とも呼ばれた。「私を受け入
れて一緒にやってくれたメンバーたちに恵まれていたんだと思いま
す。バレーボールは自分一人でやっているわけではないので、自分
の力だけで勝つことはできないですよね。例えば、陸上の個人種目
だったら、自分が頑張れば勝てる可能性もありますが、バレーの場
合は一人で点数を取りに行けるのってサーブしかありません。バ
レーボールは、人と関わることが非常に多い競技で、だからこそ自
分の調子が悪くてもチームメイトの調子を上げることで自分の調子
も上がって最終的に勝てることがあります。そう考えると、やっぱ
り周りのメンバーにすごく恵まれていましたし、お互いのやろうと
することに対して、お互いが認めて受け入れて協力して、一つの目
的を果たすという意識の改革ができていたのかなと思います。それ
は社会にもつながっていくことで、バレーボールの魅力の一つだと
も思っています。」と吉原氏は語った。

3．現役引退後の吉原氏

　現役を引退してからは、バレーボールの解説者やリポーター等と
して活動した。2009年には、筑波大学大学院の体育学専攻に入学し
た。吉原氏は、高校を卒業してすぐ日立製作所に入社したため大学
を卒業していなかったが、大学院の出願資格審査によって大学を卒
業した者と同等以上の学力があると評価されて受験が認められ、社
会人特別選抜で合格した。故・都澤凡夫教授の指導の下、「バレー
ボールの女性エリート選手に関する一考察―なぜトップチームに女
性指導者がいないのか―」という題目の修士論文を執筆し、修士

（体育学）の学位を取得した。修士論文では、それまでの女子バレーボール指導に関する状況について詳細に調査し、選手の男女差や指導者の男女差についても言及した。さらに、日本代表経験者へのアンケート調査も行い、女性がトップチームの指導者になるための要件として、指導者資格の明確化、日本代表選手の大学進学率の促進、結婚・育児後の復帰のための環境整備を挙げている。大学院修了後は、大学の講師やＶリーグ機構の理事としても活動した。なお、本稿の冒頭で紹介した多治見氏も、個別の出願資格審査を受けて大学院に入学した。多治見氏は早稲田大学大学院のスポーツ科学研究科を修了してから、国内１部リーグのチームで監督を務めている。大学や大学院でコーチングに関して専門的に学ぶことは、指導者としてのセカンドキャリアに有益であり、今後この流れは増えていく可能性がある。その前例をつくった吉原氏の貢献は大きいと言えるだろう。

４．指導者としての吉原氏

　2015年、吉原氏はJTマーヴェラスの監督に就任した。JTマーヴェラスは、2013−14年のシーズンで国内１部リーグから２部リーグへと降格してしまい、翌年の昇格をかけた試合でも勝ち切れず、苦境に立たされていた。「こんな負けてるときに、なんで監督経験もない私みたいなド素人に声をかけたのかなっていうのは、すごく不思議でした。普通だったらベテランの監督さんに依頼するんでしょうけど、ある意味すごい賭けに出ているなと思いましたね」。監督を引き受けるかどうか、吉原氏は迷ったという。自分にできるのか、自分は向いているのか、過去の自分のような選手がいたら監督としてやりづらいだろうな、それは絶対に嫌だなと思っていた

らしい。それなのに、なぜ吉原氏は監督を引き受けたのだろうか。「当時のJTは下にいて自信がなくなっていて、負け犬というか、どうせ私たちはみたいな雰囲気が漂っていました。私に何かできるかどうか分からなかったんですけど、選手たちに負け犬になってほしくなかったんです。もしそのまま引退して、その先の人生でも『どうせやってもできない』となってしまうのが嫌で。私はバレーボールをやることによって良い思いをさせてもらったので、選手たちにも良い思いをさせてあげたいというか、スポーツによって人間性が磨かれるという感触を持たせてあげられたらいいなという思いでした。だから、下にいるチームじゃなかったら、もしかしたら引き受けてなかったかもしれないです。苦しいときでも頑張れば少しでも前に進めたり、何かに挑戦する意欲が湧いたり、それが自信になって人生に好影響をもたらすということを伝えたかったんです」。実際に、監督になってからは、初めてのことだらけで全てが勉強の毎日だったという。「でも、引き受けたからには、とにかくやるしかないですから。できるかどうかではなく、やろうとするかしないか、やると決めたら、どうすればできるのかを考えます。チャンスをいただけたことには、とても感謝しています」。

　JTマーヴェラスは、吉原氏が就任して1年目で国内1部リーグへの昇格を果たした（表2）。2019-20年のシーズンには悲願のリーグ優勝を達成し、2020-21年は2連覇を果たした。さらに、黒鷲旗や皇后杯といった全日本選手権でも計3回優勝している。まさに、監督になってもなお「優勝請負人」であるが、次のように述べている。「私は、監督の経験はまだまだ浅いですし、勉強不足で指導者として足りないところが多すぎるぐらいなんです。でも、だからこそ、学び続けることが本当に大切だと思っています。自分はできていると思っている人が実は全くできていないとか、そういうことっ

てありますよね。満足したら成長は止まってしまうので、できていると思い込むことより、できていないところを認めて努力する方が自分のためになるはずです。そして、それがチームのためにもなります」。吉原氏は、一貫して謙虚だ。

　吉原氏が指導をする際にまず心がけているのは、情熱を持って、愛情を持って、本気で選手たちに向かい合うことである。監督自身が選手一人ひとりと本気でぶつかっていかないと、選手はそれを感じ取ってしまい、本気で応えてはくれない。「私は正直に、選手のプレーに対して良いか悪いかをはっきりと伝えます。一方で、自分の弱さも含めてさらけ出しますね。そうしないと、選手たちも本心を見せにくいはずです。私はこういう人間だよっていうのを見せることによって、選手たちもそれに対して自分はこうですと本音を言ってくれるようになっていくと思うんです。その積み重ねで、この選手はこういう言い方や伝え方をすれば納得しやすいんだろうなと理解を深めていきます　」。また、選手が監督に意見することについて「主張するってことは、それだけチームのことを考えて、良くしよう何とかしようとしているってことだと私は思っています。どうでもよかったら意見なんて言わないし、そもそも関心がなければ自分の意見はないですよね。主張が強いというのはネガティブに捉えられがちですが、私はポジティブに考えています」と述べている。

　選手に対しては「自分で限界をつくらないこと。最初からできないと思ったらできないから、自分を信じてできると思って新しいことにもチャレンジしようね。チャレンジするからこそ失敗もするし成功もして、その両方の経験が自分のためになっていくんだよ。最初は上手くいかなくても、色んなことを吸収して最終的にコートの上で輝けるかどうかが大事なんだよ」と繰り返し伝えているという。吉原氏自身の経験から、こういうとき選手はこう思っているんだろ

うと想像して、その都度必要な言葉をかけているようだ。「オンと
オフをきっちり分けようねっていう話もよくします。コートの中で
は上だから下だからじゃなくて、自分がどう思っているのか、ど
うしたいのか、自分のパフォーマンスを出す上において必要なこと
はしっかり伝え合うことを促しています。そして、一歩コートから
出たときには、その発言についてお互い引きずらない。それはそれ、
コートの外の生活は別というように。オンとオフを切り替えられな
いんだったら、お互いに思ってることをどんどん言えなくなっちゃ
うと思うから、そこはきっちりしようねっていうことは常に言って
います。私自身が現役のときも、同じように人のことを陰でコソコ
ソ言うのはやめようねっていうことは言っていました。大嫌いだっ
たんですよ、そういうのが。思ったことを言えばいいじゃん、直接
言えないことは言うなって。特に女子は、みんなの前で言うのは苦
手だけど、グループをつくってコソコソっていう嫌な雰囲気になる
のは早いと思うので、競技に集中できるようなチームの雰囲気をつ
くることはとても大事です」。

　さらに、選手たちには「自律」を強く求めている。「私の印象で
は、男子はこの練習メニューって言ったら後先考えずに100％で取
り組める傾向があると思うんですが、女子って練習メニューこうい
うのやるよって言ったら、ここはこれぐらいで次はこれくらいでと
予めペース配分する傾向があると思っています。だから、それをど
うにか100％出し切らせる必要があるんです。終わった後の練習な
んて考えなくていいから、全体練習でその日の100％を出してほし
いと伝えます。それができなければ練習は終わりません」。それか
ら話題は長期オフについての考え方に広がった。数日ではなく数週
間のオフを与えると、選手たちは怠けてパフォーマンスが落ちてし
まうと考える指導者は少なくないだろう。「私は、長期オフは別に

いいと思います。今はだいぶ改善されてきたと思うんですけど、女子はどちらかというと高校までは強いチームであればあるほど、指導者にやらされているっていうか自分で考えてやるということがどうしても欠けている傾向にある気がしています。誰かが見ているからやるとかやらないとか、そういうのも含めて、もっと自律してほしいですね。長期オフがあっても、ここから練習やるよって言ったらそこから100％でできるように準備してきてねって私は言います。オフ明けからすぐ通常の練習をするので、やってこないとダメだっていうのが選手たちも分かるようになります。だから、休み中でも自分で考えてトレーニングしたり、自分で考えて栄養を摂ったり、そういうことが少しずつ身についてきます。休みになると、朝は食べない、昼も食べない、夜だけ食べて、しかも甘いものばかりとか、論外ですよね。アスリートなんだから、栄養面も含めて、戦える体をどうつくるのか自分で考えて自律してほしいと思っています」。

　トップを目指すチームとして厳しさは欠かせない要素だが、選手に対して吉原氏はどのように接しているのだろうか。「まず選手との信頼関係が大切なので、毎日の練習前とか私生活のところではコミュニケーションを多く取るようにしています。叱る必要があるときは全体に対して言うこともあるし、名指しで指摘することもあります。名指しで言ったら、数日は少し放っておきます。何日か経っても、まだちょっと落ち込んでそうだなっていうときには個人的に呼んで、なぜそういうことを言うのか、その選手に対してどれくらい期待しているか、もっと成長できるよ、やれるのにやらないのはもったいないよねっていうことを噛み砕いて伝えるようにしています。あとは、どんな言葉でもポジティブに受け取ってねと私はいつも言っています。例え、こう言われたとしても、こんな受け取り方もこんな受け取り方もこんな受け取り方もあるよねって。だから、

どう受け取るかによって、その人がどう成長していくかに繋がると思うよっていう話はよくします。私は決してあなたのことが嫌いで言ってるのではなく、少しでも上手くなって、いい思いをして、ここを辞めたときもここでバレーボールやって良かったなって言えるような時間にしてもらいたいっていうのが私の思いだからと伝えています」。

　自身が女性であることの強みについて尋ねた。「女性特有の月経について理解してあげられることは大きいと思います。それによってコンディションが変わったり、イライラしたりすることがあるので。そういう面も含めて、選手の心が分かるというのはあると思います。手に取るようにとは言いませんし、それが全部当たっているとも思いませんけど、ある程度の事は分かりますね。その観点で考えると、監督かコーチの中に女性が1人いるだけでも、女子チームは見やすくなる気がします。やっぱり男性の見方と女性の見方っていうのは微妙に違うところもありますし、お互いそれによって気付かされることもあるので、スタッフに女性がいるというのは良いことなんじゃないですかね。あとは、JTで言えばトレーナーに女性がいてくれて助かっています」。ただし、女性としての強みは、女性ならではの難しさにつながる場合もあるようだ。「女子選手にとって、男性の監督ならごまかせるところがあったとして、女性の監督にはそれが通用しないというか、全て見透かされてしまったら息苦しいですよね。だから、私は選手たちと接するときに、あえて触れずに流す部分もつくります。見えているのに、どこまで知らないふりをするべきかというのは、女性ならではの難しさでもありますね」。

　これまで女子バレーボールにおける指導者は男性が圧倒的に多かった。吉原氏は、率直にこう語っている。「指導に関わることは

あんまり考えていなかったですね。自分が指導者になりたいとか、なろうっていうのもあんまり考えてなかったです。周りの指導者はみんな男性だったので、イメージがわかないという感じですね。男尊女卑じゃないですけど、どうしても女性っていうところで理解を得づらい場合もあるのかなと思います。あとは、結婚・子育てによる生活の変化は、女性にとって大きなことだと思います」。育児と仕事の両立については、本稿の冒頭で紹介した竹下氏の例がある。竹下氏は、2016年から2020年まで姫路ヴィクトリーナの初代監督を務めたが、2015年に第一子を出産し、2018年には第二子を出産していた（第二子の出産前後は産休と育休を取得）。また、出産後に選手として復帰した大友愛氏や荒木絵里香氏の例もある。いずれにしても、育児との両立は非常に負担が大きく、チームや家族といった周囲の理解とサポートがなければ成立しないだろう。

　男子チームを女性が指導することの可能性についても意見を伺ってみた。「適切なコミュニケーションの仕方は、男女で少し違うのかなと感じます。また、それとは別の観点で、女子の指導から男子の指導に移ったら面白そうだなって個人的には思います。やったことがないので、実際は分からないですけど。例えば、オーバーハンドのロングパスを要求したときに、男子だったらある程度はすぐにできると思うんですが、女子の場合は技術の前に筋力的にできない場合が多いです。なので、まずは筋力トレーニングから始めて、体の使い方を修正して、というのを20ぐらい用意して、ようやくそのプレーができるようになるんです。もちろん、男子でもトレーニングは必要だと思いますが、女子に比べればボール練習に比重を置いても上達する可能性があるような気がします」。これは、女子選手の指導において、体づくりはボール練習と同じくらい重要だという意味でもあるのだろう。

表２．指導者としての経歴（所属チームと戦績）

| 2015年６月〜
JTマーヴェラス監督 | 2015−16年 Ｖ・チャレンジリーグⅠ：優勝
2016年 Ｖ・チャレンジマッチ（入替戦）：昇格
2016年 第65回黒鷲旗全日本選抜大会：優勝
2016年 平成28年度天皇杯・皇后杯：５位
2016−17年 Ｖ・プレミアリーグ：４位
2017年 第66回黒鷲旗全日本選抜大会：５位
2017年 平成29年度天皇杯・皇后杯：５位
2017−18年 Ｖ・プレミアリーグ：準優勝
2018年 第67回黒鷲旗全日本選抜大会：優勝
2018年 平成30年度天皇杯・皇后杯：５位
2018−19年 V.LEAGUE DIVISION1：３位
2019年 第68回黒鷲旗全日本選抜大会：３位
2019−20年 V.LEAGUE DIVISION1：優勝
2020年 令和元年度天皇杯・皇后杯：中止
2020年 第69回黒鷲旗全日本選抜大会：中止
2020年 令和２年度天皇杯・皇后杯：優勝
2020−21年 V.LEAGUE DIVISION1：優勝
2021年 第70回黒鷲旗全日本選抜大会：中止
※Ｖ・チャレンジリーグⅠは国内２部リーグ。
※Ｖ・プレミアリーグは国内１部リーグ。2018年に V.LEAGUE DIVISION1へ改称。 |

　最後に、本書を手に取った方へのメッセージを吉原氏にお願いした。「私はあんまり男性とか女性っていうところにこだわってなくて、やっぱりいいものはいい、それがたまたま男性だったり女性だったりという話だと思います。自分がやりたいのかやりたくないのか、自分の意志でやるって決めたら、じゃあどうしたらできるのかっていうことを考えてほしいですね。できない理由を探すのではなくて。そして、現状に満足せず、いつまでも学ぶことをやめないでほしいと思います」。吉原氏の、やると決めたら言い訳せずに前へ進み続けるという姿勢は、指導者を志す女性はもちろん、あらゆる人の指針になるだろう。

【注及び引用・参考文献】
１）吉原知子（2011）バレーボールの女性エリート選手に関する一考察―なぜ

トップチームに女性指導者がいないのか―．筑波大学 人間総合科学研究科
博士前期課程 体育学専攻 修士論文．

Ⅷ．ラグビー

（執筆責任者：椎名　純代）

1．女性にまつわるラグビーの歴史と現状

　2019年ラグビーワールドカップ日本大会の成功の記憶が新しいラグビーだが、公益財団法人日本ラグビー協会の報告によると、日本のラグビーの競技人口は、男子91,631人、女子5,082人。チーム役員は、男性10,968人、女性2,980人である（2020年3月度）[1]。World Rugby によると女性の競技人口は、270万人[2]。チェアマンの Bill Beaumont は、"Women currently make up 25 per cent of the rugby playing population and so should be represented in all areas of the game worldwide. We understand that, at present, there are disproportionate levels of women in coaching and we are committed to making change in this important area, working with our member unions to increase diversity in coaching at all levels globally（女性はラグビー競技人口の25％をしめており、世界中のラグビーの全てのエリアでそれが示されるべきである。現在、コーチングにおいては不均衡があることは理解しており、この重要なエリアを変えていくため、各国の協会と共にグローバルに全てのレベルでコーチングにおける多様性を高めることに専心していく）．" と述べている[3]。世界と比較すると、日本の女性の競技人口は全体の約5％と世界のそれには遠く及ばない。

　ラグビーの起源は、1823年にイギリスのパブリックスクール・ラグビー校でのフットボールの試合中、ウェッブ・エリス少年が突然ボー

ルを抱えて相手を目指し走り出したことが有名である。その後、イギリスでは多くのラグビークラブが作られ普及していったが、日本でのラグビー発祥は、1899年の秋、慶應義塾でE.B.クラークがケンブリッジ時代の盟友田中銀之助とともに塾生にラグビーを教えたこととある[4]。それに遅れること84年、1983年に女性たちが競技としてラグビーを始め、東京・名古屋・松阪でほぼ同時にチームが誕生した[5]。2002年4月1日には、日本女子ラグビーフットボール連盟（専務理事岸田則子）として日本協会に加盟。1988年4月に紆余曲折を経て誕生した従来の日本女子ラグビーフットボール連盟（加盟15チーム）の形を維持しながら、日本協会クラブ委員会とともに女子ラグビーの普及発展を目指して活動を継続するとし、同年に開催された第4回ワールドカップにも出場（ヘッドコーチは、神戸製鋼前監督の萩本光威）。日本協会加盟後初のワールドカップ出場はこの第4回大会だが、日本女子チームは経費を個人負担しながら1991年4月ウェールズにて開催された第1回大会から参加、第2回スコットランド大会では、スウェーデン戦で記念すべき初勝利を飾っている（10対5）。詳しくは日本ラグビーフットボール協会のサイトを参照されたい[6]。

　オリンピック競技としては、15人制ラグビーは、パリ1900大会、ロンドン1908大会、アントワープ1920大会、パリ1924大会で、その後、セブンスとも呼ばれる7人制ラグビーがリオデジャネイロ2016大会で実施された。女子ラグビーが初めてオリンピックで実施されたのは、このリオデジャネイロ2016大会である。

　女子のセブンスがリオデジャネイロ2016大会から正式にオリンピック競技となったことを受け、2014年から国内サーキット大会である「太陽生命ウィメンズセブンズシリーズ」が開催され、計11チームが参加した。女子のチームでは、競技人口も限られることから7人制ラグビーと15人制ラグビーの両方をプレーするケースが

多い。太陽生命ウィメンズセブンズを戦い終えると、全国女子ラグ
ビーフットボール選手権などの15人制の試合に向けて準備を進める。
そして、現在コアチームと呼ばれる12チームの半数である6チー
ムは女性がヘッドコーチを務めている（追手門大学、YOKOHAMA
TKM、日本体育大学、MIE PEARLS、チャレンジチーム、流通経済大
学グレース：2021年3月現在）。女子ラグビー部・クラブチームを持
つ大学も増えてきている（日本体育大学、九州産業大学、八戸学院大
学、麗澤大学、国際武道大学、立正大学、四国大学、日本経済大学、追
手門大学、流通経済大学：2021年3月現在）。

　2019年1月より日本女子代表も強化委員長に浅見敬子、ヘッド
コーチにレスリー・マッケンジーとマネジメント・コーチ共に女性
へ移行した。

　次に、競技団体理事・強化委員長、ユースアカデミーヘッドコー
チ、日本代表ヘッドコーチ、大学女子ラグビー部ヘッドコーチ、そ
してクラブチーム監督と、様々な年代、対象の指導者として、また
マネジメントとして、女子ラグビーの発展に尽力している方々のス
トーリーを紹介する。

2．女性コーチたちのストーリー

①浅見敬子氏：公益財団法人日本ラグビーフットボール協会　理事・
　女子強化委員長

　15人制では、代表選手としてワールドカップを戦い、7人制で
も代表選手として活躍後、女子7人制日本代表ヘッドコーチとし
てオリンピックを戦った浅見氏は、2017年から（公財）日本ラグ
ビーフットボール協会理事・女子15人制日本代表チームディレク
ターとして強化・育成普及のマネジメントに携わっている。その

表 1．浅見氏の略歴

1995年	日本体育大学へ進学　女子ラグビー部入部（3年次主将）
1996年	女子15人制日本代表選出
1999年	大学卒業後、ノースハーバー（ニュージーランド）へラグビー留学 地元クラブチームのニュージーランド・ネイビー（海軍）でプレー
2000年	帰国後、女子ラグビークラブのフェニックス設立 選手（主将）・コーチ・マネジメントに携わる
2002年	第4回女子ラグビーワールドカップ出場（全4試合出場）
2003年	女子15人制日本代表　主将
2004年	女子7人制女子日本代表選出
2007年	引退後、女子15人制日本代表コーチ就任
2011年	女子7人制日本代表コーチ就任 豊島岡女子学園中学校・高等学校の保健体育講師として教鞭を執る 傍ら指導にあたる
2012年	女子7人制日本代表ヘッドコーチ就任 講師を辞職し、フルタイムコーチとなる
2016年	ヘッドコーチとしてリオデジャネイロオリンピック出場
2017年	公益財団法人日本ラグビーフットボール協会理事に就任 女子委員会委員を兼任 第8回女子ワールドカップにアナリストとして参加
2018年	女子15人制日本代表チームディレクター（旧 強化委員長）（現在に至る） ワールドラグビー理事（2019年まで）
2019年	アジアラグビー女子委員会メンバー

＊2021年（公財）日本ラグビーフットボール協会副会長に就任

他、日本体育大学女子ラグビーサークル（当時）のOGチームである"フェニックス"の立ち上げに携わるなど、様々な形で日本の女子ラグビーに貢献してきた浅見氏は、「これまで先輩の方々が培ってきてくれたものを途切れさせたくない、プレイヤーとしても指導者としてもラグビーの楽しさを伝えたいという思いがあった」という。浅見氏が現役の頃、女子チームには専属の指導者がおらず、新人や初心者には現役プレイヤーたちで教え合うという形が主であった。「ラグビーの指導者になる」といった明確な意思を持って指導

者になるというよりも、チーム事情から必要に駆られて指導することになった指導者が多いようだ。しかし、浅見氏は「ラグビーを教えるだけでなく、それに関わる、例えば合宿を企画するとか練習メニューを考えて準備する、そしてそれを話し合って決めていくというプロセスが楽しかった。コーチすることに付随して色々なことが学べた。今はスタッフもプロが多く、分業制が進んでいるが、当時はそれがなかったことが逆に良かったと思う」と当時を語っている。

　常に人が足りていない女子ラグビーも、7人制ラグビーが2016年からオリンピック競技になることで一気に盛り上がりを見せた。新しく立ち上がるチームもあり、女性で指導できる人を積極的に登用するチームもあったことからか、先述の「太陽生命ウィメンズセブンズシリーズ」参加チーム含め、女性コーチも増加している。

　一方、その多くの指導者は指導よりもまず環境整備に尽力することが多いようだ。チームを担当することになってもラグビーをプレーする環境が整っておらず、まずは抱えている選手たちがラグビーをプレーできるように普及も含め"耕す"ことから入っているケースが多いと浅見氏は話している。また、競技人口から見ても推測されるように、女子ラグビーには指導者も含め、S&Cやアスレティックトレーナーなどの女性スタッフを育てる現場の数が圧倒的に少ない。女子チームに携わるスタッフや選手は、アルバイトなどで生計を立てていることが多いこともあり、フルタイムでのスタッフになる機会は限られる。数少ない現場で、「育てていく」という感覚が必要だと浅見氏は語っていた。

②兼松由香氏：公益財団法人日本ラグビーフットボール協会　女子セブンズユースアカデミーヘッドコーチ

　浅見氏の背中を見ていたのは、2019年から女子セブンズユースアカ

表２．兼松氏の略歴

1988年	一宮ラグビースクールでラグビーを始める（～1995年）
2001年	名古屋レディース R.F.C でラグビーを再開（現在に至る）
2002年	第４回ワールドカップ（15人制）出場
2003年	ニュージーランドに半年間ラグビー留学
2006年	結婚
2007年	長女（第１子）出産
2008年	ワールドカップ（７人制）アジア予選出場（優勝）
2013年	アジアシリーズ出場（優勝）
2014年	第17回アジア競技大会出場（準優勝）
2015年	香港セブンズ出場（準優勝） アジアシリーズ出場（優勝） ワールドシリーズコア昇格大会出場（優勝） オリンピックアジア予選出場（優勝）
2016年	第31回オリンピック競技大会出場
2018年	（公財）日本ラグビーフットボール協会 女子セブンズコーチ（現在に至る）

デミーのヘッドコーチを務める兼松氏。お互いに教え合う女子ラグビーの文化の中で、「それまで（７人制女子日本代表の）チームメートだった浅見さんがヘッドコーチになった時には、他のコーチングスタッフは皆男性。彼らに仕事を任せてそれをマネジメントしていくヘッドコーチのあり方は浅見さんの背中を見て学んだ」と語っている。

　兼松氏は、2006年に結婚、翌年2007年に長女を出産した。選手時代、代表合宿や遠征、試合などで家を長期間空けなければならないことも多かった。家族は理解してくれているにも関わらず、周囲からの風当たりが強く、家族を犠牲にして好きなことをやっていると捉えられ、心ない言葉を言う人もいたという。指導者としての活動が増えてきてからは、"仕事"と捉えてくれることが多いようだ。男性選手であれば、代表候補として強化合宿に招集されることは職場などからも名誉なこととして捉えられることが多いと思われるが、

まだ家庭を持つ女性がアスリートとして活動することに社会が寛容でないことが窺えるエピソードである。

　また生活の保障・キャリアの選択肢という点でも、男性選手のそれとはやや事情が異なる。男性のラグビー選手は、プロとしてラグビーで生計を立てている選手と、社会人として会社に所属しながらラグビー活動を行なっている社会人選手が主である。社会人選手は、会社によるが、その多くは双方が希望すれば引退後も所属する会社に会社員として勤め続けることができ、生活は保障される。一方、女子ラグビー選手は社会人選手として受け入れてくれる企業はまだわずかで、生活の保障がされていない選手もいる。教員免許を大学時代に取得し教員の道を目指すものもいるが、ラグビーに専念し代表に招集されるようになると常勤として務めることは難しいことから教員試験を受けることはできず、非常勤にならざるを得ない。もしくは、仕事とラグビー活動の両立は難しいことから、代表に招集されたら教員は辞めざるを得ない。兼松氏も選手時代に非常勤講師をしていたが、2012年に代表活動を終えるまで教育に関わるのはやめようと思ったという。「学校は理解して送り出してくれても、児童との関係性もできていたことから、（兼松氏が）いない間ずっと探していたと後で聞くと辛かった。男性は最終的に代表に選ばれなくても戻れる職場がある。堂々と競技に打ち込める環境があるのは羨ましい」と兼松氏は語る。

③レスリー・マッケンジー氏：公益財団法人日本ラグビーフットボール協会　女子15人制日本代表ヘッドコーチ

　2019年から女子15人制日本代表ヘッドコーチに就任したレスリー・マッケンジー氏は、2006年と2010年女子ラグビーワールドカップにカナダ代表として出場、現役時代から指導を始め、カナ

ダ・ニュージーランド・日本での指導経験がある。

　その指導者としてのキャリアは、2006年、選手時代にひょんなことから始まった。怪我をしてしまったレスリーは、当時のコーチに「ウェイトルームへの入館証が欲しかったら、2部チームの指導をしろ」と言われ、渋々了承した。レスリー曰く「自分は、自己中心的で、高慢な選手」だったが、この最初の指導経験は思いの外「楽しかった！」という。それまで誰かに教わったこともなく練習の仕方もわからない選手たちに、手取り足取り指導し、彼女たちがスキルを身につけいろんなことができるようになっていくプロセスを見るのは癖になるほど満足感があった。自身のスキルを再確認することにもなるという副産物もあった。

　University of British Columbia を卒業し、その後、大学院へ進学。代表チームでも活動をしていた2008年、大学チーム（UBC Thunderbirds）のヘッドコーチのオファーを受けた。前述の経験以外はコーチ経験もなかったが、2年後にワールドカップを控え、ヘッドコーチになれば、ボール、トレーニング器具へのアクセスもあり、ラグビーを仕事にできるというメリットが頭をよぎった。しかし何より最初のコーチング経験から、"指導を通じて自分が選手として成長できること"がこのオファーを受けた最大の理由だった。「自分が、彼女たちの成長に携わっているということが嬉しかった。よくトップアスリートは、自己中心的ではない、自己犠牲があるという話はあるが、自分も"人"にフォーカスするようになった」この経験から、現役時代から指導を始めることを選手にも推奨しているという。「自分が理解していることをどうやって教えたら伝わるのか、そもそも自分は何を以て理解したと言えるのかなど、内容、視点、他者との関係性、心理、スキルなどを選手としてよりもより深く理解することに意識が向く」。

　レスリーは、当時指導経験のない自分にきた UBC Thunderbirds のヘッドコーチのオファーは、カナダラグビー協会による "大学ラグビー部初の女性ヘッドコーチ" という広報的な意図もあったと理解している。その後も "初の女性コーチ" としてたくさんの機会が用意されていたが、たとえ選ばれた理由が PR 目的だったとしても「自分がその役割をやり切れば次の人に道が繋がる」と話す。

　いつも "〇〇初の女性コーチ" としての道を切り開いてきたため、コーチ研修会などでもいつも唯一の女性参加者であった。初めてニュージーランドで Level 2のコーチングコースに参加した時は、パニック状態。「次は質問するぞ」と手に汗を掻きながら質問の内容を考え、手を挙げるタイミングを見計らった。最初は、どんな質問をするのかと様子見をされている感じだったが、発言を続けていくうちにレスリー自身も周囲も "女性唯一の参加者" という意識は薄らいでいったという。

　数年かかってやっと「自分が持っているものを使うしかない」と思えるようになった。最初の頃は、「ストレスからあらゆることに被害妄想を抱いていた。"実績もないのに" とか "英語にカナダ訛りがある" とか "田舎者" とか思われているんじゃないかなど。そして女性であることも少なからずその被害妄想の一つにあった。インポスター症候群（自分を過小評価し、自己肯定感が持てないという心理傾向）ではないが、自分に自信を持てるようになるまで数年かかった。まだまだ不安はあるが、少なくとも自己認識はできている」。

　チャレンジを続ける理由は？と聞くと、「負けず嫌い」。小さい時から負けず嫌いで、選手時代も 1番になることしか考えていない。誰もやったことのないこと、他の人ができないことをやることが大好きだという。「もしラグビー以外の仕事をしたとしても、同じように負けず嫌いで一番になることばかり考えていたと思う」ま

た「家庭とキャリアとの両立が大変という人もいるかもしれないが、それはその人が選んだチャレンジ。自分はいつもラグビーを選択して、両立することをチャレンジとして選択してこなかった。カナダからニュージーランドへ行った時も、ニュージーランドから日本へ来た時も、いつも当時付き合っていた人と迷わず別れてラグビーを選んだ」一方で周囲を見まわしてみると、外国人のトップリーグ所属のヘッドコーチは家族と一緒に日本で暮らしている。そのような女性の事例を聞いたことはなかったので、「日本に来る時にも彼を日本に連れてきて一緒に暮らすということは1ミリも頭に思い浮かばなかった」ビジネスなどでは、女性のキャリアのために男性が住む場所を変えるということはあるのかもしれないが、ラグビー界ではまだ聞いたことがないという。

　日本のラグビーについては、レスリー自身をヘッドコーチにしたことからも、女性コーチの育成、雇用について積極的と語る。一方で、日本だけではないがと前置きしながら、指導者育成は「コース中心でなく、実践とメンタリング中心であるべき」。資格があることが、グラウンド上で優れたコーチかというとそういうわけではない。対人関係、創造性、コミュニケーション能力、協働できる能力は、机上では育たない。

　「Coaching is art（コーチングは芸術）」と語る。「ラグビーは様々な要素を何十にも重ね合わせ、戦略も組まなければいけない。それは様々な色を、どのような濃淡で、どんなタッチで重ね合わせてどんな絵を描くのかというのと同じ」そのためには、実践を積み、フィードバックをもらい、アイディアを出し合い、ディスカッションを重ねる形の学び方の方が価値があるという。

　女子ラグビーはまだ歴史も浅く、競技人口も少ないスポーツ。女性指導者として「私たちの仕事はdevelop the game（ラグビーを成

表３．レスリー・マッケンジー氏略歴

1999年	ブリティッシュコロンビア大学（カナダ）の女子ラグビー部 UBC Thunderbirds でプレー UBC Thunderbirds の２部チームの指導を行う（2nd XV）（2005年まで）
2006年	第５回女子ラグビーワールドカップに出場
2008年	ウェリントン（ニュージーランド）にてプレー（Johnsonville & Wainuiomata） コーチングの勉強を始める UBC Thunderbirds のヘッドコーチ就任（2011年まで３シーズン）
2010年	第６回女子ラグビーワールドカップに出場
2012年	ウェリントンラグビー協会（ニュージーランド）で女子育成コーディネーターとして様々なジュニア・シニア・代表チームなどを指導（2015年まで）
2015年 － 2018年	ワンガヌイラグビー協会（ニュージーランド）で育成責任者として様々なジュニア、シニア、代表チームを指導 ワールドラグビーのコーチエデュケーター（ニュージーランド協会所属）として活動
2018年	女子７人制日本代表アシスタントコーチ就任
2019年	女子15人制日本代表ヘッドコーチ就任（現在に至る）

長・発達させること）。女性指導者の多くは元選手で限られたリソースで創意工夫しながらやってきたと思うが、狭い視点で考えるのではなく big picture（大きな絵）を描いてラグビーの質を上げなければいけない」と語った。

④古賀千尋氏：日本体育大学ラグビー部女子ヘッドコーチ

1988年に設立された日本体育大学ラグビー部女子は、数々の日本代表選手、オリンピアンを輩出し、太陽生命 Women's Sevens Series 年間総合優勝２回、全国女子ラグビーフットボール選手権大会優勝４回、2018年度には、７人制と15人制を完全制覇している女子ラグビーの名門である。日本で初めて大学の女子ラグビー部として創設された名門も、その道のりは簡単ではなかった。詳しくは日

本体育大学ラグビー部女子のホームページを参照されたい。

　古賀氏は、同部 OG であり、浅見氏と共にプレーしていた。卒業後、アメリカへ留学し、カリフォルニアで、アメリカ代表選手が多数在籍する強豪チームである Berkeley All-Blues でプレー。日本代表として第 4 回ワールドカップにも出場した。帰国後は一旦ラグビーから離れ、カメラマンとして活動していたが、浅見氏に誘われ、フェニックスでラグビーを始めた。2009 年に日本体育大学ラグビー部女子とフェニックスが合同チームになったことをきっかけに指導に携わるようになった。当時は、同じく OG で古賀氏の後輩にあたる長谷部氏（現 YOKOHAMA TKM 監督）が 1 人で指導しているところにたまに顔を出す程度だったが、翌 2010 年からは週に 2 、3 回ほど一緒に指導をするようになる。当時、待遇はボランティアに近い状態で、カメラマンをして生計を立てながらの指導。

　そのような状況が続く 2015 年、カメラマンの仕事があり、試合に行けなかった太陽生命ウィメンズセブンズシリーズで高校生のチームに負けてしまう。これをきっかけに、コーチは中途半端ではできないと指導に力を入れるもそれでは生活が成り立たないというジレンマの中、2016 年度に太陽生命シリーズで年間優勝を果たす。古賀氏は、当時の学長へ手紙を書き待遇面について直訴。翌 2017 年から、カメラマンとコーチという二足の草鞋を脱ぎ捨て、専門職（1 年契約）としてプロのラグビーコーチとなる。

　指導者としての道を切り拓いてきたようにみえる古賀氏も、コーチになろうとは全く思っていなかったという。アメリカ留学後、帰国してからはラグビーは趣味としてプレーする程度だった。無給でも指導を続けたのは、「当時はラグビー初心者も多かったが、学生たちは純粋でもっと上手くなりたい、と目をキラキラさせていた。ここにくると元気がもらえるなあ」と理由を語った。

　ルールを知らないと教えられないからと2010年からレフリーにも挑戦。2015年に長谷部氏が去り、1人体制になったことで現場を離れて審判として海外の試合で吹くことができなくなるまで約5年活動していた。

　古賀氏が女性を指導して面白いなと思ったのは、同性差別があると感じることだという。「今の選手はありませんが、昔は女性のレフリーやコーチに対して、選手が斜めに見ていることがあった。例えば、トップリーガーのスポットコーチの話は聞くのに、同じことを言っても女性コーチの言うことは聞かないなど。理論でしっかりと説明して選手の信頼を勝ち取れるようにしないとと思った」。他にも、対外試合などに行って、相手チームの関係者に挨拶にいくと、「女1人でチームを見ていると信じられないのか、私の後ろに"（男性の）監督さんは？"と言わんばかりに誰かを探されることがある」と笑う。

　古賀氏も他の指導者同様、普及・育成、キャリア形成についての課題を挙げている。

　まずはチーム数の増加。男子のように女子も大学選手権ができるくらいチーム数が増えるとより競争も高まりラグビーの質が上がる。「高校の前列（フォワードの1列目、1/2/3番）は、セブンズばかりプレーしていて『向いていない』と辞めてしまう傾向があるので、高校でももっと15人制をプレーできる環境があれば」とも語る。

　また指導者としてのキャリア形成という点でも、指導者になりたい女性はいてもキャリアとしての機会がない。指導者として務められるチーム数が少ない、もしくはチームには人は足りていないのに雇うお金がないという現状がある。仕事としての待遇と条件が男性ラグビーと女性ラグビーでは大きく異なる。その差を埋めるためにも、「競技人口が増えて、競技力が向上しないといけない。観ていておもしろいラグビーをして価値を上げないといけない」と古賀氏は言う。

表 4．古賀氏略歴

1995年	日本体育大学へ進学　女子ラグビーサークル（当時）入部
1998年	15人制女子日本選抜としてシアトル遠征
1999年	女子ラグビーサークルが学友会ラグビー部傘下に入り「ラグビー部女子」となる 大学卒業後、渡米。カリフォルニア州立大学ヘイワードへ留学 アメリカ代表選手が多数在籍する強豪チーム Berkeley All-Blues でプレー
2000年	日本代表初選出　サモアとのテストマッチに出場
2001年	日本代表として香港とのテストマッチに出場
2002年	第 4 回ワールドカップ出場 大会後、ラグビーから離れて写真業にシフト
2004年	帰国と同時にフェニックスでラグビーを再開
2009年	日本体育大学ラグビー部女子とフェニックスが合同チームになったことをきっかけに指導に携わり始める
2010年	レフリーとしても活動を始める
2011年	結婚
2013年	日本協会女子委員会委員就任（2020年度まで）
2014年	関東ラグビーフットボール協会女子委員会委員就任
2015年	日本体育大学ラグビー部女子ヘッドコーチ就任（現在に至る）
2017年	専門職となる ジャパンラグビーコーチングアワード2017特別賞受賞
2018年	日本体育大学ラグビー部女子が 7 人制 &15人制で完全制覇を果たす ジャパンラグビーコーチングアワード2018 スキルコーチング賞受賞

⑤長谷部直子氏：YOKOHAMA TKM 監督

　古賀氏と共に 6 年間に渡り、日本体育大学ラグビー部女子で指導をしていたのが長谷部氏。現在、横浜市の医療法人グループが2011年に立ち上げた YOKOHAMA TKM で監督を務め 6 シーズン目を迎える。

　指導歴は学生時代に遡る。

　当時、日本体育大学女子ラグビーサークルでは、大学生もラグビーを続けたい OG も一緒にプレーしていたが、OG の数が学生の倍ほどにあたる約40名ほどになると、学生たちが試合に出られなく

なってしまった。そこで、長谷部氏が大学4年になる頃に浅見氏、並木氏などのOGが、女子ラグビークラブの"フェニックス"を立ち上げ、学生チームは大学の学友会ラグビー部の傘下で「ラグビー部女子」と言う形で分かれて活動することになった。しかし、当時はコーチがおらず、OGの並木氏、浅見氏がフェニックスでプレーしつつ、学生チームの指導もしてくれていたが、ご自身の仕事やプレーもあったことから、次第に学生たちが自分たちで考えて練習をしたり、お互いに教え合うようになっていた。指導者がいないのは大変な気もするが、長谷部氏は「自分たちでいろいろと自由に考えてできるのが楽しくて最後まで続けることができた」という。大学卒業後は、他のチームへ行くことも考えたが、当時の部員はラグビー初心者が多く、後輩たちを「見捨てられない」と1年だけ残り、その後世田谷レディースでプレーをしつつ、日本体育大学ラグビー部女子のコーチも行うことになった。

　ラグビーができる間はラグビーに打ち込みたいと、30歳まで現役でプレーしていた長谷部氏は、2004年にコーチを始めてから、日中はアルバイト、その後ラグビー部の指導、週2日の世田谷レディースの練習に参加、その他特別支援学校の教員免許取得のため専門学校にも通っていたため、合間で勉強をするという生活を続けていた。2015年にチームを去るまでの11年間、交通費とわずかな謝礼しかもらっていなかった。

　しかし、チームを去るきっかけになったのはその待遇が理由ではない。長谷部氏からしか指導を受けたことがないという選手も増えてきて、他の指導者から指導を受ける経験も大切なのではという指導者の新陳代謝の促進、またこの頃になるとラグビー経験者も部員に増えてきて、チームも力がつき、勝って当たり前という時代になってきた。長谷部氏は、あまりラグビー経験のない選手を育成す

ることに指導の魅力を感じていたことから、チームの状況と長谷部氏の指導者としてのニーズにズレが生じてきていた。

　日体大のコーチを辞めてからは、ラグビーから離れようと思っていたが、YOKOHAMA TKM の元代表で世田谷レディースでも一緒にプレーしていた佐々木氏から声をかけられ、何度かチームの練習を観に行った。社会人クラブで、ラグビー初心者の選手もいたが、ポテンシャルを感じ、この選手たちなら上にいけるのではないかと監督を引き受けることにした。

　現在は、ラグビー部専属のスタッフとして母体となる病院に雇用してもらっている。他に常勤スタッフとして、主務、S&C コーチ、アシスタントトレーナー、アシスタントコーチなど女性スタッフが揃っている。

　「（大学のチームと比較すると）環境は整っている。ただ、社会人チームということもあり、それぞれの選手が引退の時期や引退後のことも考えていて、その点も一緒に考えていく必要がある。ラグビーを通じた人間育成という点もやっていかないといけないと思っている」と課題を語る。選手数も20名と日体大時代より少なくなったことから、「個に向き合った指導ができるのは楽しい。グラウンド内外で時間をとって話していけるのは、自分に合っている。みんな“（自分を）見てほしい”という思いはあるので、グラウンド外での指導がグラウンド内でのパフォーマンスに繋がったりというのは見ていて楽しい」一方、「長い間やっていると精神的に疲れてくる。（トップリーグのように）シーズン制ならいいが、女子ラグビーは７人制のあとに15人制のシーズンが始まるなど１年を通して稼働していてオフがない。年中無休状態が変わるといいなとは思う」という。現在の女子ラグビーのカレンダーのままだと疲弊する選手・スタッフは多くなりそうだ。

写真1. 指導する長谷部氏

表5. 長谷部氏略歴

1999年	日本体育大学へ進学　ラグビー部女子へ入部
2000年	日本代表初選出
2001年	日本代表として香港とのテストマッチに出場
2002年	第4回ワールドカップ出場
2003年	大学卒業、コーチを始める
2004年	世田谷レディースへ移籍
2009年	ワールドカップセブンズ出場（第5回ドバイ大会）
2011年	代表引退（7人制・15人制）
2015年	YOKOHAMA TKM 監督就任（現在に至る）

⑥井上愛美氏：流通経済大学ラグビー女子ラグビークラブ、RKU グレースヘッドコーチ

　インタビューした指導者の中で唯一、中学生の頃から指導者になりたいと思っていた井上氏。当時は教員として部活の指導をしたいと思っていた。大学では教職課程をとっていたが、日本代表として招集されたワールドカップと教育実習が重なった。教育実習は行かずに、ワールドカップを選んだ。「自分は先生になりたいのか？コーチになりたいのか？」と考えた際、「自分は"コーチになりたい"と思った」。

　グレースの選手として太陽生命シリーズに出場した際、入替戦で負けてコアチームに入れなかった。この時に、「現役選手としてこのチームを引っ張るより、コーチになってこのチームを強くしたい」と思ったことがきっかけで引退を決意し、2018年よりヘッドコーチに就任し指導にあたる。

　実はグレースを創設したのも井上氏である。当時、大学の女子ラグビー部は日本体育大学のみであった。高校時代から日本代表として活躍していた井上氏は、流通経済大学で代表合宿を行うこともあり、大学の雰囲気や環境には馴染みがあった。大学進学を考えた時、男子ラグビー部の中で女子部員として活動するには身体的に限界があると感じていたため、一緒にトレーニングすることはあまり考えておらず、1. 流通経済大学で平日は大学の施設を利用して自主トレーニングをし、午後や週末にクラブチームでプレーをする、2. 東海大学など、女子部員を受け入れてくれる大学で女子ラグビー部員として活動する、3. 日本体育大学女子ラグビー部に入るという3つの選択肢がある中、施設が充実している流通経済大学を選んで進学した。一年次は肩の手術でグラウンドに行くこともなかったが、状態も落ち着いてきた頃、男子ラグビー部のグラウンドに勝手に入り

ボールを蹴ったりしている姿が流通経済大学ラグビー部内山達二監督の目に留まる。そこから話をするようになり、「本気で女子ラグビー部作るんだったら、一緒にやってあげるよ」と内山監督の協力で創設に至ったという。最初は1人で活動していたが、地域の経験者を誘ったり、大学のお弁当友達を勧誘したりし、何とかかき集め、部員はマネージャーを含め8名からのスタート。指導は内山監督、男子ラグビー部コーチが担当してくれ、週2、3回の活動をしていた。11シーズン目となる2021年は、部員も29人となる。クラブチームとして活動するグレースには、流通経済大学の学生を中心に社会人選手、他大学の選手も所属している。2019年には、第6回全国女子ラグビーフットボール選手権大会で同点優勝、井上氏もジャパンラグビーコーチングアワード優秀賞を受賞。日本代表選手も輩出している。

　今年で指導4年目を迎える井上氏は、指導の点で課題に感じていることがある。最初はジェンダーに関する点。ラグビーは男性的なスポーツということもあり、女性の部分を捨てざるを得ないシーンもある。普段はおしゃれもしたいし、髪も染めたいし、マニキュアもしたいという気持ちもわかる。体を鍛え、ポジションによっては体重増加が必要になる。でも普段は筋肉が見えるような服は着たくないという選手の気持ちもわかる。"女子ラグビー"ということで周囲から女性らしさを期待されることもあるが、プレーをする時はそれを捨てないといけない。新体操など競技の持つ"ジェンダー"と選手自身の"ジェンダー"が同じ場合は、そこに迷いも生まれないのかもしれないが、競技性と選手のジェンダーが異なる場合、「女子がラグビー？」と言われる時代は終わったかもしれないが、一度は向き合うことがあるのかもしれない。

　また寮で学生と寝食を共にする井上氏は、子どもと大人の境目で

写真 2．指導する井上氏

表 6．井上氏略歴

1998年	小学校 2 年生から父の影響でラグビーを始める
2004年	中学校から世田谷レディース（東京）でプレー、部活動は陸上部に所属
2007年	高校時代はラグビー部に所属し、男子とプレー
2010年	日本代表に選出 アジア競技大会（広州）　出場
2011年	流通経済大学 2 年次に流通経済大学男子ラグビー部内山達二監督の協力の元、RKU ラグビー龍ケ崎 GRACE（2020年より RKU グレースに名称変更）を創設
2013年	ラグビーワールドカップセブンズ（第 6 回モスクワ大会）出場 ユニバーシアード（ロシア大会）出場
2014年	大学卒業後、流通経済大学嘱託職員として勤務しながら現役を続ける
2017年	女子ラグビーワールドカップ（アイルランド大会）出場
2018年	引退後、GRACE のコーチ就任 流通経済大学正職員となる
2019年	第 6 回全国女子ラグビーフットボール選手権大会で同点優勝 ジャパンラグビーコーチングアワード2019 優秀賞受賞

ある大学生にどこまで本人たちの自由に任せ、どこまで規則などで
縛るかを迷うと言う。親御さんから預かっていると言う点では門限
などを決めて管理するべきだろうが、一人暮らしの大学生であれば
それはない。「自主自立とは。規律と規則の違いとは」その匙加減
も探っているようだ。

　他に、女性が女性を指導する難しさも感じていると言う。自身の
選手時代の経験からも、女性は平等でないこと、例えばコーチのお
気に入りは誰か、声を掛ける選手に偏りがあるなどといったことに
選手たちは敏感であるという。男性のコーチなら、パワーやスキル
が選手よりあることがほとんどのケースであるが、女性指導者は
必ずしもそれが備わっているわけではない。「それを超える説得力、
しっかり理解させ、納得してからでないと女性選手は動かない」と
語る。

　将来的にはグレースのマネジメントとして運営側に携わりたい、
またユース世代も指導してみたいという。井上氏自身の経験から、
中学生年代で女子がラグビーのできる環境が少ないことから、道が
絶たれてしまうケースが多いので、その改善も課題だと感じている。

　ラグビーしか知らない、それ以外なにもできないという選手は育
ててはいけないと思ってはいるもののまだそれができる器量がない
と語りつつ、「自分を見て指導者になりたいと思ってもらえるよう
な指導者になりたい。ロールモデルになりたい」という指導者像を
描いている。

まとめにかえて

　興味深いのは、インタビューした日本の女子ラグビーを牽引して
いる指導者の多くが、指導者になることを目指してそのポジショ
ンについたわけではないことである。「先輩方が作ってきてくれた

歴史を途切れさせたくない」、「仲間や後輩たちを放っておけない」、「選手たちへの指導を通じて元気をもらった」という理由から、単なる面倒見の良さに止まらずまさにラグビー精神を純粋に体現することで、女子ラグビーの歴史が紡がれていることがわかる。

　先述の古賀氏がヘッドコーチを務める日本体育大学ラグビー部女子のホームページには以下の言葉がある。

　　1980年代、「女はラグビーすべからず」という時代に、当時ラグビー部監督であった柴田紘三郎先生のご理解により、2人の女性が「日体大女子ラグビーサークル」を設立。それが、日体大ラグビー部女子の始まりです。
　　創設者のお二人は、時に男子の練習に混ざり、時に世田谷レディースさんの練習に参加し、時にラグビースタイルで、学食で勧誘されていたそうです。
　　その勇気たるや。
　　2人から徐々に人数を増やし、単独チームを構成できるほどに部員が増え、そして、一時期は部員が6人まで減少しても、頑張ってきたOG達がいて日本大ラグビー部女子の今があります。長くコーチとしてチームを支えたOG並木富士子（'95 - '02）と長谷部直子（'03 - '14）このお二人の苦労は計り知れません。
　　そして部員が激減した時代にキャプテンとして踏ん張ったのは、田中智絵選手。女子ラグビーの基盤を作ってくださった岸田則子女子委員会委員長、あの時代に、女性がグラウンドに立つ事を認めてくださった柴田先生、土にまみれて、汗と涙を流してきたすべてのOG、選手を支えて下さっていたご家族の皆さまに、御礼申し上げます。

　ここに、日本の女子ラグビーの文化がよく表現されているように
思う。

　徐々にスタッフや選手のプロ化が進み、強化の道筋が立てば育成
や普及も進んでいくであろう。それでも女子ラグビーは、プロ化と
引き換えにアマチュアリズムを失うということなく、オリジナルの
発展を遂げていってくれることと信じてやまない。

【注及び引用・参考文献】
1 ）公益財団法人日本ラグビーフットボール協会：2020年 3 月度　選手・役員・
　　チーム登録リスト（全国）：https://rugby-japan.s3.ap-northeast1.amazonaws.
　　com/file/article/142252_5efbdeef27738.pdf.（online：最終確認日：2021年 3 月
　　18日）
2 ）World Rugby: World Rugby Year In Review2019: http://publications.
　　worldrugby.org/yearinreview2019/en/12-1.（online：最終確認日：2021年
　　3 月18日）
3 ）World Rugby: World Rugby Launches Women Coaching Rugby Toolkit to
　　Recruit: https://www.women.rugby/news/569039.（online：最終確認日：
　　2021年 3 月18日）
4 ）公益財団法人日本ラグビーフットボール協会：日本ラグビーデジタル
　　ミュージアム：https://trc-adeac.trc.co.jp/WJ1900/WJJS46U/1310375100/
　　1310375100100010.（online：最終確認日：2021年 3 月18日）
5 ）公益財団日本ラグビーフットボール協会：女子ラグビー15年の歴史：
　　https://www.rugby-japan.jp/news/2004/03/03/6898.（online：最終確認日：
　　2021年 3 月18日）
6 ）公益財団法人日本ラグビーフットボール協会：日本ラグビーデジタル
　　ミュージアム　日本ラグビーフットボール史：https://trc-adeac.trc.co.jp/
　　WJ11E0/WJJS06U/1310375100/1310375100100000/ht000600.（online：最終
　　確認日：2021年 3 月18日）

おわりに

　日本の社会全体として男女共同参画が遅れており、ジェンダー
の問題は社会全体の問題となっている。世界経済フォーラムが毎
年発表しているジェンダー・ギャップ指数では、日本は156カ国中
120位と、他国と比較し男女格差が大きいことは明白である。日本
のスポーツ界も、この例に漏れず大きな男女格差が存在する。最近
では、森喜朗前東京オリンピック・パラリンピック組織委員会会長
の発言をきっかけとして、スポーツ組織の意思決定ポジションにお
ける女性の割合について注目が集まった。この問題が映し出すよう
に、スポーツ組織の意思決定ポジションにおいて女性の参加が進ん
でいないことは、スポーツ界全体で女子・女性の参加が少ない原因
ともなっている。森氏はこの発言により辞任に追い込まれ、橋本聖
子氏が会長に就任し、結果として組織委員会の女性理事の増加につ
ながった。また、海外からの厳しい批判を受け、日本国民も海外の
男女格差に対する意識の高さを認識するようになった。すると、そ
れまで取り上げられてこなかった東京大会への女性参加促進の取り
組みなどもメディアで多く紹介されるようになり、皮肉にも国内に
おける女性とスポーツへの意識が急速に高まり、変化を促す結果と
なった。この流れを最大限に活かし、各スポーツ組織は女性コーチ
など様々な立場でスポーツに関わる女性の増加に向けたアクション
を起こすことを期待したい。

　さて、近年注目される多様性に関する取り組みの中で、分かりや
すい切り口が性別である。本書でも、性別を切り口に女性コーチに

ついて取り上げてきた。しかし、その先には性別だけでなく、様々な属性の人をも包括する社会の構築が目指されていることを忘れてはならない。我々は、女性だけが働きやすく、生きやすい社会を望んでいるわけではない。女性の活躍が促進されることで、組織の活性化といった社会全体にとって良い影響が生み出され、様々な背景を持つ人、様々な属性の人が活躍する社会を望んでいるのである。近い将来、そのような社会が訪れることを願って、この辺りで筆を擱くことにする。

【執筆者】

大平　正軌
流通経済大学・スポーツ健康科学部・スポーツコミュニケーション学科　准教授
日本サッカー協会（JFA）技術委員会　強化部会員

小粥　智浩
流通経済大学・スポーツ健康科学部・スポーツ健康科学科　教授

小谷　究
流通経済大学・スポーツ健康科学部・スポーツコミュニケーション学科　准教授
同大学バスケットボール部ヘッドコーチ

椎名　純代
流通経済大学・スポーツ健康科学部・スポーツコミュニケーション学科　助教

宗宮　悠子
流通経済大学・スポーツ健康科学部・スポーツコミュニケーション学科　准教授
Yuko-Dance-Academy　代表

田畑　亨
流通経済大学・スポーツ健康科学部・スポーツ健康科学科　教授

三倉　茜
金沢医科大学・一般教育機構・体育学　助教

吉川　徹
流通経済大学・スポーツ健康科学部・スポーツ健康科学科　准教授
同大学男子バレーボール部監督，女子バレー部コーチ

【表紙イラスト】
田淵　あき

女性コーチ
～それぞれの歩み～

発行日　2021年8月30日　初版発行

編著者　小 谷　　究
　　　　三 倉　　茜
発行者　上 野 裕 一
発行所　流通経済大学出版会
　　　　〒301-8555　茨城県龍ヶ崎市120
　　　　電話　0297-60-1167　FAX　0297-60-1165

バスケットボール学入門
AN INTRODUCTION
TO THE BASKETBALL STUDIES

内山治樹／小谷究 編著

　バスケットボール競技が学問や研究の対象となるパターンは大きく二つに分けられるであろう。一つは、バイオメカニクスや運動生理学といった各学問領域の専門家が自分たちの研究の対象に採り上げる場合、もう一つは、現場に関わってきた人がその貴重な体験や経験を理論化させようとする場合である。特に最近は、後者のパターン、たとえば、大学までバスケットボール競技に携わってきて、もしくは社会人として競技を継続してきて、その後コーチの道を志して大学院に進学する人たちは年々増加の一途をたどっている。大学院では競技に特化したコーチングに有用な知識を新たに習得したり深めたりできるからである。その一方で、学位論文の執筆という大仕事が待ち受けてもいるのである。
　本書は、論文のテーマとして、また、自身の専門性をより一層向上させるために、バスケットボール競技を研究しようとするこうした大学院生のために、あるいは、すでにバスケットボール競技の研究に従事しているが他のアプローチも試してみたいと考えている人に、研究への導入ないし手がかりとして「入門編」を提示するものである。　　　　　　　　　　　　　　　（A5・248頁　1500円＋税）

バスケットボール競技史研究概論
AN INTRODUCTION
TO THE HISTORICAL
STUDY OF BASKETBALL

谷釜了正 監修／小谷究 編著

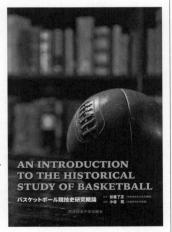

　これまで、体育・スポーツ史の学問論や研究方法論は、当該分野の泰斗らによって蓄積されてきた。こうした研究成果の「体育」ないし「スポーツ」という文言を「バスケットボール競技」に置き換えれば、ある程度の示唆を得ることが可能になる。しかしながら、さらに立ち入ってバスケットボール競技史に固有の学問性を特定し、その方法論まで視野に収めて展望したものは存在しない。
　こうした背景のもと、日本を対象としたバスケットボール競技史研究の方法論を解説するために編まれたのが本書である。ここで提示する「ハウツー」は絶対的なものではないが、本書を手にする読者がバスケットボール競技を歴史的な側面から研究する上での「手引書」の役割は十分に果たし得るはずである。本書を踏み台にして、より効果的な研究法を確立すべく議論が活発化する日を待ちたい。　（A5・152頁　1300円＋税）

籠球五輪

バスケットボール・オリンピック物語

清水義明 監修　小谷究／谷釜尋徳 編著

　2019年3月、FIBA（国際バスケットボール連盟）の総会において、日本に2020年東京オリンピックの開催国枠が与えられることが決まり、日本中のバスケットボールファンが歓喜に沸いた。すでに世界の強豪と肩を並べる女子代表はともかく、男子代表にとっては1976年のモントリオールオリンピック以来、44年ぶりのオリンピックの舞台である。

　2020年の東京オリンピック期間中には、日本代表のバスケットボールを多くの人が観戦・視聴し、大いに楽しんでほしい。そこにさらなる"深み"を持たせる方法がある。それは、オリンピックにおけるバスケットボール日本代表の歴史を知ることである。

　本書は、1936年のベルリンから1964年の東京までのオリンピックにおける日本代表とその前後の概要を紹介するもので、オリンピックを切り口に日本のバスケットボール史を語った本邦初の試みである。もちろん、本書の内容をもって日本のバスケットボール史のすべてが把握できるわけではない。しかし、本書を読み終えたとき、読者の前にはバスケットボールのよりディープな世界が立ち現れているはずである。どうか、ぜひ、われわれとともにその世界を体験していただきたい。

（A5・208頁　1400円＋税）

スポーツ技術・戦術史

新井博／小谷究 編著

　本書は、スポーツの個別史に長い間取り組んできた秋元忍、新井博、鵤木千加子、榎本雅之、小谷究、後藤光将、谷釜尋徳、福井元、山脇あゆみの各研究者が、それぞれのスポーツ種目の技術・戦術史について紹介したものである。

　個々のスポーツの間には平面的な横の時間軸で見た場合に、人間が使用・相手にする用具・道具・自然とプレーヤーの身体との間の隔たり（大きさ・形・重さ）は、全て違う。そのため、各スポーツ種目のもっている技術・戦術は、全て違うものである。また、縦の歴史的時間軸で見た場合に、時代毎の社会状況、科学、指導者、ルール、用具など、大きなものから小さなものまでの何らかの要素・要因で、技術・戦術が変わると考えられる。そのため、各執筆者が自分の対象とするスポーツの特徴をどのように考えているかが、技術・戦術の歴史的変化を分析する上での力点になっている。また、歴史研究者が鋭い現代的視点を持たなければならないことからすれば、現在のスポーツ界の動向に対する各執筆者の意識が分析の力点に幾らか関係してくる。

　今回、各執筆者はスポーツ種目の技術・戦術史として重要と思われているテーマや時期について、自分の思惑で自由に取り上げている。現時点でのスポーツ種目史の専門家たちの考える技術・戦術史について、触れてみてください。

（A5・280頁　2000円＋税）